大展好書 好書大展

大展好書 好書大展

親子系列

1

如何使
孩子出人頭地

多湖輝／著
沈永嘉／譯

大展出版社有限公司

序言

首先我要請教手上持有這本書的讀者幾件事情：

- 你是否徹底相信你的小孩具有才能？
- 你有沒有充分給予小孩叫做自信的養分？
- 你有沒有在不知不覺中剝奪了小孩的幹勁？
- 你是否把小孩當作幼兒看待？
- 你會不會害怕小孩反駁？

對於以上這些問題，大部分的父母可能回答：「相信」、「有給」、「沒有剝奪」、「沒有把孩子當幼兒看」、「不怕」。可是依我看來，現實生活中「是的」、「不是的」答案恐怕正好相反。結果，不信任孩子能力的父親、不給孩子自信的母親、剝奪孩子幹勁的老師、把孩子始終當作幼兒的大人們，以及懼怕孩子反駁的社會，聯手摘除了孩子好不容易萌芽的才能。

我曾在幾年前主持過『育兒答問』的廣播節目中，每週一次批判在我們平常不經意的日常生活及社會現象中，時時可見父母的言行使孩子孤立，扼殺原本應該開花結果的孩子能力。因為上節目準備的底稿積存很多，於數年前曾經集結出書寫成『慈父嚴母的時代』。

自那時起，已經過了很長一段日子，但是「溺愛孩子的慈父」卻愈來愈寵壞孩子。而「干涉太多的嚴母」依舊干涉太多，繼續指揮孩子「這樣做」、「那樣做」。於是，這次作者再根據後來積存的底稿，為了給那些「慈父嚴母」發出新的警告而著成此書。

但願各位讀者能懷著質疑和問題的意識，放眼看看自己身邊，捫心自問對於以前認定極其自然，誰都在做、毫無辦法的事，重新再問一次「到底這樣做對嗎？」由於現代社會結構或價值觀已大為轉變，父親、母親的角色也不像從前那麼簡單，因此，希望各位重估父母或家人應有的新方式。

小孩子的潛能是無限的，還請大家深思以幼兒小提琴教育而聞名於世的鈴木鎮一先生所說的話：「只要培育有方，任何孩子都能成材」。

多湖　輝

目　錄

1　相信孩子能力的法則

2 給小孩「自信」這種營養的方法

3 看你這樣做，難怪孩子失去幹勁

4 你的孩子已經不再是小嬰兒了

5 如何避免人家閒言閒語說「有其父必有其子」

1
相信孩子能力的法則

孩子在失敗中學習很多事情

以白手起家，專門製造機車、汽車被譽為「世界之本田」的本田技研公司創辦人本田宗一郎，據說在小時候無論做什麼事都失敗，而且課業成績也不理想，等於是俗語說的「留級生」。然而，按本田自己的說法，當時的失敗恰好使他培養自己思考問題的能力，使頭腦變得有彈性、富創造力。

根據本田的說法，「別人教導的事，和自己辛苦想出來的事，在日後的利用價值、應用範圍大有不同」。所以希望世上的母親們，不要處處責備孩子的失敗，何不換個角度重新考慮失敗的價值？

不必多說，一個人一生中失敗在所難免。任何人或多或少都會在失敗中成長。也許這其間有些孩子失敗的次數比其他人多，使父母十分擔心，或是焦急難安。由於過份擔心孩子這樣繼續下去，將來不知會變成怎麼樣的不安心理，難免在心情上想要搶先一步防範小孩失敗於未然。

結果就是少不了處處助孩子一臂之力，但是，這種行爲從孩子成長的觀點看來，就有些問題值得考慮。

如果讓孩子從小就步上不會失敗的安全大道，孩子的依賴心更強，喪失自己解決困難的意願。因此，我們要稍微改變觀點，不要認爲失敗等於是壞的事情，改想成「孩子從失敗中學到很多事情，爲了使小孩勇敢面對困難挑戰考驗，必須重估失敗的含義」。

本田也說過，自己本身思考、辛辛苦苦切身學會的知識或技術，比起他人所教導、所傳授而得到的知識或技術，更具應用力，眞正派上用場成爲紮根下來的知識。縱然失敗也沒關係，因爲小孩從失敗中切身學會的東西，都成爲以後人生中一大力量。

萬一父母害怕孩子失敗，而剝奪孩子透過失敗思考，或是遭到打擊學習堅強的機會，也許孩子確實如你所願長成大家眼中的「好小孩」，可是卻會變成另一個無法自己獨力解決問題的成人。

任何孩子都擁有不斷成長的「能力法則」

「只要培育有方，任何小孩都能成材」，這是以小提琴的早期教育聞名於世的鈴木鎮一先生的名言。鈴木先生堅持的信念是認爲小孩的能力、性格絕非與生俱來，往後變好或變壞端看教育的方法而定，因此，他雖已年過九十歲，仍然貫注全付心力從事幼兒的小提琴教育。

一般日本人都認爲從小會講日本話是理所當然的事，可是鈴木先生卻說：「任何一個孩子都能隨心所欲地把難學的日語講好，而且並沒有花費多大的辛苦就學會了。這正是小孩子驚人的才能。」

經他一說，果然覺得小孩在出生後不過數年的時間，就幾乎完全能講日語的成長是不爭的事實。比起長大成人後爲了學習英文，煞費苦心的惡戰苦鬥情形，眞可說是驚人的才能了。

至於日本小孩爲什麼能把日語說得隨心所欲，鈴木先生認爲這是由於出生後立刻反覆不停地聽講日語所致。他又說，無論日語或英語、小提琴或繪畫等，若能從不會的階段下意識趁早學習，經過反覆不斷的教導，小孩就有切身學習的能力。

關於那點，鈴木先生以小提琴教育親身驗證，一方面給全世界的人莫大的感動，另一方面投石問路質疑教育是什麼?才能又是什麼?這樣的問題。

他認爲若能「趁早反覆」地教導，則任何才能都能切身學會，如此的理念成爲（Susikz method）聞名於世，鈴木先生也將之命名爲「能力法則」。仔細一想，這種「能力法則」不僅能使好的才藝開花而已。假如趁早階段反覆不斷給小孩壞的刺激，當然孩子切身學會的，就是壞的能力或是壞的性格。

簡單地說，如果母親每天罵孩子「這不可以、那不行」的話，孩子爲了和母親對立，就故意做別的事。可是，等到了那也不行的時候，無論母親或孩子難免提高音調互辯。如此這般每天反覆教導，孩子就會在不知不覺中，切身學會叫做反抗的「能力」了。

假如小孩考九十分時，父母過於讚美誇獎，結果孩子以後最多也只能考九十分

以「前畑加油」這句話著名的游泳選手前畑秀子，在洛城奧運時僅名列第二，但到了下次柏林大會就漂亮地奪得金牌。這是那時所留下有名的趣譚。

當時洛城奧運的慶功宴上，東京市長永田秀次郎致詞的內容說：「才拿到第二名而已，你一定很不甘心，我也覺得眞正遺憾。」

前畑選手原本滿心以爲市長一定是要說些恭賀我得到銀牌的榮耀，不料市長卻講出那樣的話，因而大受刺激，據說她這才下定決心：「好吧！無論如何下次一定要拿到金牌。」

按照一般的情況，拿到銀牌也屬不易，大家皆大歡喜也就敷衍過去了，可是永田市長的作法是刻意以不誇獎的話激勵她，這種作風姑且不論是否過於老謀深算，但最終結果，毫無疑問使前畑發憤振作。

任何父母只要看到小孩考了很好的成績，無不露出由衷的笑容誇獎孩子。孩子一旦看到父母露出難得一見的笑容，有的因此更加奮發圖強也是人之常情。不過，說來人類眞是一種麻煩的生物，有些一接受誇獎反而是產生「扼止現象」。因受到誇獎就會產生滿足的心理，於是扼止需要更加努力的意願。

假如孩子考了滿分一百分，那就無話可說，但換了是離滿分還差一截的九十分時受到父母稱讚，只怕小孩就此滿足，也可能不再努力考一百分的滿分。如此一來，好不容易有更上層樓能力的孩子，能力也會萎縮。

所以考八十分、九十分時，應該學永田市長鼓勵的方法，也是非常重要的事，你不妨說：

「眞可惜，就差一步可以考一百分的滿分了。我看你下次一定能考一百分。」來鼓勵一下。這時父母也最好只給九十分的欣喜，還要有一種「極其當然的表情」肯定你相信的想法，一定能反過來產生刺激孩子鼓起勇氣全力以赴的結果。那是因爲孩子從父母的表情看得出來：「以你的實力考個九十分是很正常的，相信你的才能一定可以考一百分」。如此對孩子的才能有所期望，孩子才會自動響應你的期望，由此可知孩子才考九十分就誇獎到極點，絕對不算是相信孩子才能的行爲。

「我家的孩子」才是好孩子，「別家的孩子」都是壞孩子嗎？

最近日本人常見的傾向之一，就是一旦發生任何問題就把責任推到別人身上去。美國心理學家羅森催克，曾把一個人面對自己不如意事態時，所顯示的反應分爲如下三類：

第一，稱爲內罰性反應，這種類型指的是事情發展不如理想，一律是自己不好。這就是所謂「郵筒顏色是紅的，全都是我不好」地思考的一群人。

第二，叫外罰性反應，這種類型認定事情不如理想，一律是他人不好，進而向外推諉責任。也就是會把身邊任何事都推給別人，說成是別人不好，認爲「郵筒顏色會紅，跟我沒關係，這是別人的事，我不需要負起任何責任」之想法的人確實不少。他們全都會說「我之所以不能出人頭地，主要是因爲有個壞上司所致」、「我之所以過窮日子，主要是因爲政治腐敗的關係」。

第三，稱爲非罰性反應，「郵筒爲什麼是紅色呢？假如這是不對的現象，我就把它改過來」。這種類型的人，該負責任時會好好負起責任，萬一是別人的不對，也會尋求瞭解對方行爲的癥結，催促他變革等，企圖圓滿而合理地解決事情。

二次世界大戰後，尤其在最近數年來，我總覺得目前社會上，諸如外罰性反應類型的人正急速增加。根據某項調查，發現孩子誤入歧途時父母親的反應如何，認爲「我家的孩子本來是好孩子，都是被壞小孩帶壞了才這樣」、或是說「學校沒有好好的監督，善盡輔導的責任」等等外罰性反應竟然壓倒性居多。

緊接著的是顯示內罰性反應的母親，一旦提起自己的孩子，就淚如雨下的說「孩子的不是都是我這個做母親的不好」。

可是事到如今，無論是家庭或是學校方面，最重要的並不是找出「究竟是誰使郵筒變紅」的元凶。也不是自首說「我是凶手」。

解決問題最重要的態度，正是非罰性反應，也就是不必追問「誰該負責？」而是應該冷靜客觀的思考「原因在哪裡？」然後一件一件地解決問題，你說是嗎？

鼓勵孩子說「加油」時，也應具體地告訴小孩該如何加油

在日本人的鼓勵方式中，「不如理想」的作風就是只說「加油」或是「好好幹」而已，卻不告訴孩子具體的加油方法。這情景並不限於親子關係，在成人的世界也經常可見，例如，公司裡董事長向員工鼓勵的時候，也是運用相同的作法。員工只聽到董事長說句「好好幹」，可是對員工來說他既不偷懶翹班，工作時又認認眞眞，實在不明白董事長說的好好幹意指何爲？

遇到這種狀況，如果董事長能夠具體顯示問題點，員工才能解除迷惑，當場就開始好好幹。問題重點不一，例如分析公司現狀、指出問題點在何處，或是告訴每個員工爲了行銷成長，每個人應該如何努力等具體地指示員工。

換了親子關係，假設平時成績很好的孩子，偶而不小心才考五十分。可能在孩子本身對這種成績也相當沮喪氣餒，碰到如此情況，若是說些挖苦的話反而有反效果。最好的辦法不只是要幫他打氣，還要進一步鼓勵才有效。

如果這時告訴孩子「誰都會失敗。你也不要氣餒，下次振作一點就好了。我相信你一定能考好分數。沒關係、沒關係，何必沮喪呢？」

父母這麼一說，小孩可能就會覺得「好吧！下一次一定要努力加油！」的不一樣心情。所以這裡有個相信孩子才能、使孩子能力成長的原則，就是當他沮喪氣餒，就鼓勵他進取奮發。

遇到孩子的成績陷入低潮，千萬不要挖苦他，最好鼓勵他說：「我們想想看爲什麼成績不好？到底問題的關鍵在哪裡呢？只要找出問題點再好好加強，保證下次一定能考一百分！像你一定可以做得更好。」

首先，要孩子冷靜分析爲何只考五十分的原因，從這點開始檢討。然後再反省有什麼地方不對，以便找出努力的方向和目標。根據分析的結果，解決不對的地方，下次一定能輕而易舉地考到一百分了。

因此，孩子成績不理想時，父母最好不要隨便打氣，或是窮追不捨的一直叫他用功，而是應該改採跟孩子一起思考的態度，共同找出如何努力得到優異的成績，這樣教育孩子的讀書態度才算正確。

孩子的才能是伸展或萎縮，端看責備的方式而定

我在中學時代，常常反抗學校約束的規定，曾經成群結隊地把學校教室破壞摧毀。因爲校規嚴峻，所以我當然早有被退學處分的心理準備，不料當校長叫我們進校長室時，校長卻只是流著淚說：

「我一向非常信任你們，既然事情已經發生了，我也不再多說什麼。我想你們大概也會充分的反省，每個人自己再好好重新想一次吧！」

當時我們受到校長如此有褒有貶，卻寬容諒解的責備後有點意外，反而產生了要切實反省的心情。

可見孩子的才能是伸展或是萎縮，端看你責備的方式而定。

當你責備孩子時，目的是要改變對方的想法、態度或是舉止行爲。假如對方只是一味反駁、或是充耳不聞當做「耳邊風」，就失去了責備的意義。如果想要讓小孩聽得進去，最好聲音要自然穩定寧靜。不要給對方「劈頭大罵」的感受，改採

「冷靜說服」這種態度比較理想。

我以前就主張：「要責備孩子時，最好端正坐好再開始」。任何人要講重要事情的時候，大都會端正姿勢，醞釀出嚴肅的氣氛。首先我們要傳達出一股認眞愼重的氣氛，孩子自然也會有「正襟危坐而聽」的心情。

因此，凡是有重要的事情非責備孩子不可時，就有必要先製造出聆聽的氣氛。而且不是單方面下令「這樣做、那樣做」，還要充分瞭解對方的立場或多聽對方意見，持包容的態度。俗話說：「小偸也有三分理」，不管做了多少壞事的小孩，仍有他的主張和意見。所以採取有話就聽，有事就瞭解這樣的姿勢，才是使孩子傾耳細聽的首要條件。

況且孩子到了國中，特別是高中的階段，身材往往比母親還要高大。因而做媽媽的想要用大聲鎭壓孩子，恐怕很難辦得到。可能頂多是發出尖叫的聲音，根本談不上有什麼鎭壓的效果。而且說也奇怪，媽媽的聲音愈大，孩子還會以比媽媽更大的聲音反駁回去。如此一來，孩子怎麼可能會反省自己「我錯了」?說不定鄰居還會抗議你們家有噪音問題。

孩子的幹勁、興趣是進步的泉源

不少父母慨嘆說：「我家孩子不管做任何事都沒有幹勁……。」眼見不論做什麼事都不能長期持續下去、每天迷迷糊糊過日子的小孩，身爲父母者當然會心感不安。

可是，事實上很少有小孩對任何事都完全不感興趣的。例如「看電視卡通時最熱衷」、「打電動玩具不管幾個小時都不厭煩」，就是像這類一定可以讓孩子集中精神，引發興趣的某種事物。父母的任務就是好好觀察小孩對什麼樣的事物感興趣，發掘出他能夠集中精神專心去做的事。一旦發現到任何他感興趣的事物，就建立一個他能夠長期維續下去的環境，慢慢誘導孩子發展出其他方面的興趣。

假如孩子對任何事物都不感興趣時，就讓他從事會使身體流汗的運動，也是一種不錯的方法。舉例來說，像劍道這類運動最適合了，因爲只要稍一疏忽就會被對方擊中而疼痛不堪。此外，在團隊活動運動時，如果自己一不小心輸了，必定會連累全體同伴，所以不得不集中精神全力以赴。再說運動會流汗，兼有紓解壓力的效果。對於那些精力過剩、連坐都坐不穩的孩子來說，還有什麼事物比這種運動更適合呢！

如果孩子自己感興趣，不妨讓他學珠算，或是練書法也是一種手法。另外，像音樂之類能夠自然培養集中力，而且持續練習又能很快樂的才藝補習，也是很好的方法。

雖說興趣、幹勁是進步的泉源，但父母親千萬不要強制性地要求孩子學習。無論補習或是運動，始終必須是小孩本身有興趣，依自己的意願去做，而且還要是自己的選擇才會有進步。如果是父母壓迫，孩子當然難以提起興趣，因此也不可能做得長久。相反的，如果一開始就是以孩子熱中的事情為主，放手讓他去做，結果孩子會漸漸對任何事都有耐心去完成。這樣的經驗才是最重要的。

在缺乏幹勁、凡事漠不關心的孩子中，有時會是輕微自閉症的傾向。自閉症的情況就是斷絕與外界溝通的管道，其中確有問題的，又可以集中力不足、注意力散漫這幾句話概括。

對於被誇獎的人，最好的「技巧」就是鎖定重點具體地誇獎對方

古時候有位常勝將軍戰無不勝、攻無不克。可是這位打勝仗像吃家常便飯的將軍，對於別人恭維他「你是名留青史的戰略家」卻並不高興。直到有一次有人誇他說「你的鬍子眞好看，可以稱得上是『美髯公』了」，他才喜出望外得意不已。

也許這位將軍在連自己都沒發現的潛意識裡，最引以爲傲的就是自己的鬍子。因此，一有人讚美他的鬍子，就樂得嘴都合不攏，心想：「眞是深得我心啊！」

若是要誇獎孩子的情況也是一樣的道理。例如考了一百分滿分的情形時，孩子被誇說「做得很好」，會覺得理所當然，沒有什麼意外驚喜。久而久之，不論以後繼續考多少次滿分，慢慢也會提不起勁來。

所以，應該換個角度稱讚他：「今天你眞努力，媽媽一直在看時鐘，發現你整整用功了二個半小時！」聽到這句話，孩子一定很感動媽媽對這樣細節都關心、注意到了，會打從心底高興起來。

俗話說「會稱讚的人才是高手」，可見要誇獎對方也要說得對勁，一針見血。不要像從前那種跟在紈袴子弟身邊的無賴一樣，專門說些吹捧上天的肉麻話就不好了。

不錯，不限於孩子，任何人聽到誇獎的話都會感到高興是事實，但是誇久了也會漸漸失去感動。弄不好，還會養成壞習慣，只要一不受到誇獎心情就會很惡劣。

而且，誇獎時若是不分青紅皀白有什麼就誇什麼，被誇讚的人總會沒有踏實感，心裡也不高興。

據說男性在誇讚女性時，若是含含糊糊地說「你很漂亮」、「你很苗條」的話，可能效果不彰，最好更具體地說「你笑起來酒渦眞可愛」、或是「你的眼睛有水汪汪的感覺，眞是富有魅力」。

因此，客套性的誇獎，難免給對方巧言令色的印象。應該不斷找尋切入口，適當地講出誇獎的話，不要只是呆板地稱讚一番。而且最好不要什麼事都誇獎，務必鎖定重點，具體地指出值得稱許之處。這才是能使孩子成長的方法。

叱責孩子的要訣，就是發過脾氣之後立刻忘記

自古以來，傳統的日本就是要一個人壓抑感情的表露，儘量不把喜怒形於色才算「美德」。在叱責孩子的情況時，特別因爲對方是孩子，更不能大發雷霆之怒，這已成爲不成文的規定。

只要看看市面上衆多的教養書籍，無不千篇一律寫著「可以責備孩子，但是不能發脾氣」。那是說，孩子「可以罵」，卻不可以暴露感情「發怒」，務必保持冷靜。不過，我始終認爲這屬於理想論調。

因爲父母親也只是平凡人，不是聖人君子。

一般說來，歐美人感情的表現比日本人誇張。像職棒的外國選手，如果對裁判不滿，就會直接了當的發怒，比日籍選手感情的表態更明顯激烈。可是，一旦明顯的表露怒意，口出不該說的話後，卻又容易煙消霧散、雨過天晴。

相對的，日本人不會如此率直地表現感情，但怒火卻會鬱積在心內，心情長期

不樂的憎惡對方，芥蒂更是久久難以消除的人比較多。

在叱責孩子的場合，如果按照理論「不發火、冷靜地罵」，可是心中卻留下芥蒂距離，這樣的責備效果會減半。與其心情不開朗、成天嘮叨不停，不如對孩子大發脾氣，然後船過水無痕，孩子反會覺得輕鬆一點。

只要是凡夫俗子，就一定會有生氣的時候。假如勉強壓抑就會產生欲求不滿，不知道什麼時候會引起大爆發。所以，當父母親直接表露出發怒的情緒時，有時候也是不得已的事。如果一味刻意抑制，情緒長久累積下來，那麼怒火難免會轉移成爲懷恨或埋怨。

結果會鍥而不捨地對小孩罵個不停，或是成爲不必要的盛怒而爆發。這樣反而會給孩子不良的影響，對於父母本身的精神健康也不好。

所以，應該適當地表現生氣的情緒，事後立刻忘掉。

與其每罵必哄，不如不罵

前些日子在電車的車廂中，聽到中學二年級女生這樣的對話，不禁心中大驚。她說：「我媽眞不像話，把我痛罵一頓之後，一看到我撒賴，她就開始哄起我來了。遇到那個時候，我想買什麼她就買給我，所以被罵一次就得一次好處。」我聽了之後想，這個孩子的母親可能做夢都沒想到，自己的女兒居然暗地裡會說出這樣的話來。可是，這樣的責備不但失去效果，而且使小孩有機可乘的個案很多。

被罵的時候，不論是誰都會起反感。孩子也是一樣，而且國中生又跟小學生情況不同。小學生被罵的時候，就算是找藉口也是笨得很可愛。等到了國中，侃侃而談的全都是歪理。而且親子之間情感對立的芥蒂很難消除，再也不像小學時「一會兒哭一會兒笑」般地輕鬆過去。

在那種尷尬的時候，做父母的難免過於關心，只好哄哄孩子說「我們和好如初吧」，這一來叱責的效果全失。與其每次責罵孩子之後還要討好他，不如不罵。

責備孩子時，一旦遇到孩子頂嘴，父母當然不可能經常像聖人君子那樣寬恕得體，難免氣上心頭就破口大罵。可是回頭一想，又去向孩子賠不是說「都是媽媽不好」這就不對了。本來是孩子有錯，父母親才會生氣，假如連最後防線都失守，那責罵又有何意義？如果眞的要道歉，應該只是針對站在親情立場上失去冷靜的部分賠不是就可以了。

因此，你可以說：「剛剛因爲實在太生氣了，媽媽可能罵得有點過份，對不起。至於媽媽罵你的理由，你應該知道。你最好要仔細反省。」

你這樣說，孩子就無機可乘。假如擔心尷尬局面一直持續下去而全面投降，那父母親的權威就蕩然無存了。

須知親子關係絕非朋友關係。該教的地方，就應該有分寸的教導，孩子才會成長。反過來說「天下無不是的父母，子女應該唯父母之命是從」，這種態度也有問題。父母親不管是妥協的態度，或是威迫的態度，可說是都不信賴孩子的表現。

儘管再簡單的事情，也應貫徹始終為要

父母親的顧慮之一是「孩子凡事不能耐心地長期繼續下去」。每次聽到這種說法，我就很想告訴擔心的父母應該要信賴自己的孩子。

做事沒有耐心長期繼續的孩子有兩種類型。一種是開始用功才五分鐘就放棄的，是所謂「容易厭倦」型。另一種是「三分鐘熱度」型，例如，眼見他開始慢跑才不過三日就持續不下去了。

首先若要矯正「容易厭倦」型的孩子，最重要的是要鼓勵他慢慢延長有耐性的時間。如果是課業方面用功的事，就從昨天是持續五分鐘，今天持續七分鐘，明天持續八分鐘……這樣一點一滴延長下去。曾經有位母親利用時鐘定好時間在孩子開始用功前說「你要努力用功到鐘響為止」，如此矯正小孩「厭倦」的毛病。

這種方式最重要的是孩子做到了你的要求，就要好好的誇獎他一番。但是，即使他做不到，也千萬不要過分指責。應該改說「改天再試試看」、或是「明天再努

力吧！」，母親需要耐心以及採取長期作戰的心理準備。如此每天延長一點時間，到最後可能出現連他自己也非常吃驚的結果——他也能長時間集中注意力的持續用功。

另一方面，像「三分鐘熱度」型的孩子，就要從「儘可能持續長久」這種自信來著手。不要過早放棄，認爲這是與生俱來的個性，應該給小孩「自己也有長期持續的素質」的意識。當我遇到「三分鐘熱度」型的孩子，第一句話一定是「不管什麼都好。你在每天的生活裡，有沒有長久持續的事情」。即使孩子的回答是「我什麼事都做不長久」，我也會要他想想看「每天洗臉」、「每天吃飯」、「每天看報紙」這些都算是長久持續在做的事。

即使是瑣事也沒關係。然後趁機鼓勵他「只要你有意，還是可以長期持續下去，不是嗎？」然後，幾乎大部分的孩子都會提起幹勁想「做做看」。

引起孩子「想做做看」的動機後，剛開始只讓他做簡單容易做的事。例如「每天寫日記，只寫一行就可以了」、或「每天認識一個字」，諸如此類輕鬆可做的事比較好。或者規定好時間專心做完。至於孩子「厭倦」的顧慮，其實大人不先「厭倦」，小孩子又怎麼會相信父母的話。

父母應持冷靜的眼光思考究竟什麼事對孩子最好

成爲父母親最大隱憂之事，就是小孩的課業成績欠佳，佔大半百分比是煩惱孩子課業有什麼地方不能理解，致使提不起幹勁研究。成績不好追根究柢是內容不懂，因爲不懂當然提不起幹勁研究，沒有幹勁的動力去研究功課，成績根本好不起來──就這樣陷入惡性循環。

但也因學科而異，有些科目即使放置不研習，只要理解力高，小孩也能自然而然的明白。比如社會或國語都是典型的例子。可是像算術、數學這種累積學習的科目，一旦「分數」這個單元不懂，長久累積下去其他就更不懂了。

身爲母親的任務，就是觀察孩子成績差，到底是哪裡不懂。如果是社會成績不好，與其嘮嘮叨叨的教他，不如設法引起動機使他感興趣更有效。反過來說，如果是算術的基礎部分不理解，就應該建立使他瞭解的環境。

常見到許多易子而教的現象，原因是教導許多孩子效果很好的老師，自己的孩子課業成績反而不如理想。也許有人會罵句「連自己的小孩都教不好，怎麼當老師！」其實，沒有一件事比教導自己的孩子用功唸書更困難了，所以才說要易子而教。

因爲換了教導的是別人的孩子，就能夠客觀的觀察孩子不夠瞭解的部分。可是，教導的是自己的孩子，難免過於放縱、或是意氣用事。所以常看到孩子對學校老師或補習班老師言聽計從，但換了對方是自己的父母就會埋怨、生氣或是哭鬧。對於這種兩套標準的孩子，如果父母覺得難以容忍不免怒火中燒、破口大罵。到最後父母生氣、孩子哭鬧，這樣算什麼教子讀書呢！

除非是一位冷靜，又有修養的父母親來教自己孩子的學校功課，否則可能很難達到理想的成果。假如孩子在學校的課業確實追趕不上其他同學，不妨聘請家庭老師或是進補習班，再不然也可利用通信教育也是很好的辦法。

話雖如此，當然也不是把督導的責任全推給學校或補習班後，就可以對孩子的課業問題一概漠不關心。假如孩子成績不佳，設法找出眞正原因加以解決，仍是爲人父母不容推卸的職責。

對於不聽話的孩子，說話應選擇適當機會及深思熟慮再說出口

孩子持以聽話、或是反抗的態度，其實端看父母說話方法而定。簡單地以出公差爲例，如果說的是「阿雄，你跑一趟××去吧」，乍聽之下好像是父母請孩子幫忙，可是孩子很容易會認爲這是一種命令，而招致反抗的態度。

因此，最好多下點功夫，改以對等的立場採取「懇求」的方法。比如說「阿雄，你能不能跑一趟××。因爲媽媽正在忙，如果你能幫忙跑一趟，那眞的是太好了！」如此不同措辭的說話方式，孩子反而會驚人的聽話。

有很多雙薪夫妻家庭的孩子，根本不需要父母命令，都會自動自發地幫忙做家事。可能是看到父母忙得不可開交，所以孩子雖然還小卻也會打從心底體貼父母的辛勞，才會自動幫忙。這些看在其他家庭狀況不同的父母眼裡，難免心生比較自家的孩子想「你看看我的小孩……」。如何使小孩聽話，這也是普天下父母最煩惱的事。在別人面前是好小孩，但不聽父母話的孩子卻意外的很多。

要求小孩做事遭到反抗另一個原因，是要求孩子做事的時機。例如，在孩子看電視看得正入迷時，小孩一定會脫口說出「不要」。再不然就是孩子做功課做得正起勁的時候，一旦被父母強迫性地要求幫忙，那不只是你要求幫忙的事泡湯，只怕連做功課的幹勁也消失了。

所以，除非是緊急狀況，否則都該考慮孩子方便的時間，改說「等你功課告一段落」、或說「等你看完電視」，如此一來，孩子的應對方式也會有所不同。在父母的立場來看，雖然急著要用的東西，卻能考慮孩子方便的時間叫他幫忙，這也跟親子信賴的建立環環相扣。

此外，父母所請託的這些差事，是不是眞如所說的那麼緊急萬分，也會使孩子有很大不同的反應。比如說父母雙方手上都有事在忙，在一旁看的人也知道確實分不開身，這時只有自己才做得來那件事，孩子也會一口答應父母請託的工作。因爲他會有「捨我其誰」的心理，當然做起來會覺得很有意義。

碰到這種情況，說不定孩子還會反過來問「看你們這麼忙，有沒有什麼要我幫忙的！」可見孩子的眼睛是雪亮的，假如父母是爲了自己想趁機偷懶、輕鬆一下的原因支使小孩做事，孩子當然會讓父母意外地說不要了。

頂嘴，是孩子精神成長的里程碑

本來孩子的自立有他的主體性，意味著正式斷奶，具有不同於雙親獨特的想法。當然，這些想法中也有跟父母類似的部分，但孩子也不可能對於父母所說的都囫圇吞棗，一定是以自己的框架重新掌握，能接受的才要接受。

孩子一進入反抗期就很會反抗，父母可能會覺得「爲什麼要這樣執意頂嘴呢？」值得父母注意的是，也有的孩子明明是自己錯了，還要以挑剔父母過失的方式說「媽媽還不是這樣」。

對於孩子這樣的頂嘴，做父母的很難不會怒氣沖天。可是冷靜一想，父母也不是完全零缺點的。不如改想小孩能夠找出父母的缺點，這是「可以培養出批判的眼光」，毋寧是一種可喜的現象。

事實上，孩子沒有發父母的脾氣也會成長。而且就在父母親不知不覺的時候，一天一天走上脫離父母羈絆之路。小孩之所以反抗父母，就表示孩子正在成長，沒有悲觀的必要。反而是當看到孩子開始會反抗父母或老師時，也許應該高興這是孩子精神成長的另一個里程碑。

可是在父母親這方看來，從前那個老實聽話、無條件服從的孩子，如今忽然反叛起來了，也許會失去冷靜。再說以前只要輕輕罵個一兩句就聽話的孩子，現在卻須靠著父母權威強力壓制，孩子反而更加反抗。的確，這是孩子最難纏的時期。可是總不能讓孩子長年累月的唯父母之命是從。假如孩子長久不能斷奶，最後的結果就是毀了那個孩子而已。

如果孩子不聽父母的意見，時而頂嘴、時而反抗，這是隨著孩子漸漸自立而自然發生的現象。等到小孩再稍微成長爲眞正的大人時，他就可以理解他人的立場，願意肯定別人的看法而從容應對。

但在此之前，孩子正處於尷尬的過渡期，會因爲沒有充裕的餘地而反抗。因此，若是短期內孩子維持目中無人的態度，父母最好不要怒火中燒，應冷靜對應，因這對孩子的成長比什麼事情都更重要。

你責備孩子考試失敗，才是使孩子討厭用功的主因

一向喜歡讀書，而且成績也不錯的孩子，突然變得討厭讀書、不愛用功起來，然後成績一落千丈，說起來這也不是什麼稀奇的事情。也許箇中原因很多，但其中也有爲了考試失敗被老師或父母所責備的一句話，就萎靡了幹勁。

孩子不過是一次、二次考試失敗，就發現得不到父母或老師的信賴，結果連課業以外的事都完全泡湯，這也是常有的例子。

遇到這種情況，即使父母再多的叱責也沒有效果。這時最重要的事情，就是充分相信孩子的才能，暫時不提讀書的事情也是一個辦法。

接著，凡是孩子能自力辦到的事要大大的誇獎。母親應設法公開或暗地裡傳遞「媽媽相信你，你只要有意就一定做得到」。

考試這種事，孩子即使拼命用功讀書，也不一定在考試的時候得高分。儘管這科可能是小孩最有自信的科目，但是倒楣的話，就會出現他所棘手的題目，而出乎

意料考得一塌糊塗。那時，父母和老師只看到結果就嚴厲指責，孩子當然會大失所望、幹勁全失。

看到孩子帶回家的考卷成績不佳，父母難免怒目相向，罵他「為什麼考這麼差的分數?你實在應該好好用功才對！」但是父母卻沒想到這句話會傷到孩子的心，使他連其他的事都無心去做。實際上考試失敗最受打擊的人是孩子自己，他會對自我能力不足感到失望灰心。在這種緊要關頭，父母還要落井下石，孩子心情會落至谷底這也是理所當然的事。

遇到這種情形，父母的態度最好儘量輕鬆，將孩子的注意力引向他拿手的事，恢復他的自信和幹勁。只要他對一件事有興趣，就會對課業有信心。可見父母要經常保持深信孩子的能力，這才是最重要的事情。

孩子原本就有與生俱來莫大的才能，也可以掌握重新再來的動機。因此直到那刻來臨之前，父母都不要太焦急，只需在一旁慈愛的看守，保證孩子討厭讀書的現象，很快就會煙消霧散。

不敢責備孩子過失的父母，「沒有資格當父母」

最近愈來愈多沒有經過父母責罵洗禮就長大的孩子。這些沒有挨過父母責罵就長大的孩子們，在畢業後考進公司一定很快就被炒魷魚。因爲這些不習慣被責備的孩子們，只要上司稍微叱責嚴厲一點，立刻會不知所措，常常忽然提出辭呈，而後行蹤不明不知去向，好像已是司空見慣的現象。

父母親應該責備孩子的過失，這是不分古今東西的鐵則。孩子接受父母的責備之後，從中學到分辨是非善惡。假如從來沒有接受過這樣的教育，不久會變得親不親、子不子，將來，進入社會也難以適應週遭的環境。

話說「地震、雷、火災、父親」這四件事，在從前是人人心生畏懼的代表對象。可是，最近的父親卻越來越寵愛子女，幾乎不曾叱責過孩子一句話，所以讓人恐懼的四件大事中也許「父親」會就此消除。究其原因，可能是時下的父親自覺與孩子相處的時間過少。因此有意當個慈父彌補一下。

現代父母責罵孩子不再嚴格，也不會體罰，這本身也是一件非常好的事。可是，如果孩子做了錯事也不告誡注意，那就成了問題。聽說有的家庭，明明孩子做了壞事，父親看見了卻保持沈默，等以後再由母親出面責罰。

我想應該沒有任何一個父親抓到孩子偷抽香煙也不責罵，只是保持沈默。假如連這種事都沒有叱責的勇氣，就可以說他是沒有資格當一位父親。

該責備的時候就要好好的責備。若是擔心孩子就此討厭自己而傷腦筋，這樣的父親才會受到輕蔑。反而是那種「對就是對，錯就是錯」有事就說絕不含糊的父親，愈會受到尊敬。

當然，同樣是叱責過失的情況，那種劈頭就飽以老拳的方式並不令人欣賞。最好是在叱責時也不要意氣用事，應該冷靜說明孩子可以接受的理由，需有責罵時一貫性的標準。

有些父母聽說小孩有錯當罵，就不分青紅皀白亂罵一通，結果效果適得其反。還有，同樣的錯今天罵，換了明天心情好就不罵，這也不敢領教。因此，父母自己管教孩子時，需有一貫性是非的標準才好。

強迫孩子實現父母的「夢想」，會扼殺孩子的才能

報章雜誌常出現「最近的孩子缺乏個性」這樣的言論。也許受到教育改革的影響，如今「培育出有個性的孩子」成爲教育最重要的目標。

的確，一樣米養百樣人，每個人的性格、嗜好都不一樣。可是小孩卻是蘊藏無限可能的才能。因此，需由父母或老師發現每個小孩獨特的個性，因人施教，努力使小孩好不容易萌芽的個性成長，這是教育的基本目的。如果要求每個人都走在相同的軌道上，社會就無法成立，對孩子本身也不好。

在重視個性的法國，有的父母甚至不教小孩「兩兄弟好好地玩同一件玩具」，以便培育出強力的自我。可是日本的父母，能不能放手做到這種地步呢？簡單地以「個性」來說，恐怕連發現「個性是什麼？」都沒有那麼容易。況且，日本的父母大多對孩子懷有極大的期望與夢想，比如「這孩子將來絕對當醫生」或是「當護士」等，然後按這樣的軌道逼小孩走上去。

像那樣父母單方面替孩子決定將來前途，根本不容孩子多想的方式，怎麼可能教育出有個性的下一代？

學校也是一樣。表面上說重視個性，其實重視的是塡鴨式的教育。固然教育改革曾提出原則是另當別論，不過眞正尊重孩子個性，從事個性教育，在現實環境中是很困難的一件事。

從事個性教育不必多說，並不是爲了培養有個性的孩子，就可讓他們爲所欲爲。而是需要教導他們適應社會生活。尤其是國情不同，在日本若是個性過強、自我主張太多的人，就有受衆人排斥的傾向，這點也有考慮的必要。

依我之見，根本不必重新找一個「培育孩子個性」的藉口，只要父母能夠徹底信賴孩子就可以了。

難得孩子擁有音樂方面的才能，父母卻硬要他讀明星學校，到底有沒有眞正信賴自己的孩子呢？

正如每個孩子容貌、性格的不同，智能發達程度也有個人差異

孩子智能的發達，很像孩子的身高、體重不同，有極大的個人差異。許多母親在會不會寫字、講話流不流利等方面斤斤計較，不時和其他同年齡的孩子比較而或喜或憂，可是，母親冷靜守護孩子成長的「眼光」，才是孩子長大過程中最不可或缺的。

例如，有很多母親對孩子識字遲而感到不安，因此四處諮詢意見。此外，也有母親問孩子在進小學之前，應該認識多少字。

關於認識字這點，因爲識與不識能明顯看出結果，所以父母難免會心中焦急。遇到這種情形，有些父母會拼命教小孩識字，但這絕不是令人肯定的方法。在開發孩子能力的時候，父母焦急的情緒，只會帶來負面的影響，絕不會有正面的效果。

對於文字教育的成果通常有二種想法，一種想法是幾歲的孩子應該能看能寫這樣程度的字，制訂出基準，如果落後太多，就推他一把加快學習速度。

相反的，另一種想法就是根本不考慮年齡的基準點，而是把重點放在使孩子對文字感興趣這方面，引起孩子對看書、寫字的意願。聽說有些幼稚園會先透過遊戲的方式，給予孩子豐富的基礎體驗，而後才教認字。例如在七歲時告訴小孩，如果在竹葉上寫自己許的願望會很靈驗，結果小孩很快就學會寫字。

像這樣引起孩子學習動機，孩子在短時間就學會認字。因爲孩子會知道不懂讀書寫字是件很大的損失，自己就自動用功起來。如果無視孩子的自發性，硬要孩子努力地學習，不但無效，還會使孩子討厭文字、討厭讀書。

因此，大家心中最好存有一項共識：孩子的發展，無論是智能、還是身體上，都有很大的個人差異。

說出哪句話會糟蹋孩子

- 「快用功！」
- 「做完功課再玩！」
- 「你要說什麼？把話講清楚一點！」
- 「媽媽這樣的心情難道你還不瞭解！」
- 「這個孩子都已經上國小了，還要撒嬌，眞拿他沒辦法。」
- 「你是乖孩子，你應該會聽話。」
- 「等一下再買給你。」
- 「你爸爸眞是把你寵壞了。」
- 「（現在已經三年級了）簡直還像是一年級一樣！」
- 「玩火柴太危險了，要點火讓爸爸點！」

2

給小孩「自信」這種營養的方法

只要父母對「我家孩子能力絕對做得到」深信不疑，這才是恢復自信的「營養劑」

在著名的希臘神話中，有一個國王愛上了自己所雕刻的象牙女神的故事。這個國王一心盼望「如果這尊神像是眞正的女性該有多好……」。支配愛與美的女神阿芙洛戴狄（Aphrodite）受到國王熱情的感動，遂將雕像變成眞正的人類，使國王的夢想得以實現。這位國王的名字叫做比克瑪里昂（Pygmalion）。

心理學家羅傑索魯認爲如果一個人心中的期望能夠和故事中的國王一樣殷切，則任何期望都有可能成爲事實，於是倣效這個神話把「父母和老師深信不疑的期望，會在孩子身上獲得實現」的心理學效果，命名爲「比克瑪里昂效果」。

羅傑索魯在某所學校隨機抽選幾個學生，告訴級任導師「這幾個學生在專家給予測試中，成績十分出衆。相信不久之後成績一定都有大幅度的成長」。導師並不知道這是一項心理實驗，果然相信「孩子們的成績會上升」的話。結果不久之後，那些孩子確實不負所望，成績眞的大大進步。

也許是老師深信「這幾個孩子很會讀書」這樣的心情，傳遞給孩子。結果孩子們爲了不辜負老師的期待，才發憤振作使自己的成績扶搖直上。

想要使孩子有自信，提振用功的意願，的確是煞費周章的事。即使是每天與孩子接觸的父母或老師，有時也是一籌莫展無計可施。因此，活用「比克瑪里昂效果」可能是一個很好的方法。

例如，孩子的成績不如理想，但是媽媽必須深信「我的孩子一定會喜歡用功讀書」。只要父母由衷相信這點，就會在無意識裡給孩子暗示，不必跟前跟後叮嚀他用功，小孩也會得到自動用功的原動力。假如父母認定「這孩子很差，根本不是塊讀書的料」，就是「比克瑪里昂效果」的相反結果，孩子按照父母的期望變成「不會讀書的人」。

只要孩子出現一丁點用功讀書的跡象，就該好好的誇獎一番，這也是非常重要的事。因爲父母對孩子的肯定，會讓孩子有滿足感，使他轉向好的方向，成爲眞正用功的好孩子。

萬一孩子失去自信，就讓他回顧過去讀書的成績和努力

假如孩子考試成績不好，或在日常生活中遭到失敗，難免會對自己失去自信。如果一直放置不管，孩子不但會喪失幹勁，還可能會愈來愈沒有自信。那樣的小孩要恢復自信的方法之一，就是「讓他回顧過去」。不論是哪個孩子，一定都有累積至今自己完成的成果。我們就讓他回顧一下。

這是經常爬山的人經驗之談；他說在登山的半途正疲憊不堪時，當抬頭一望遙遠的山頂，心裡莫不想著「怎麼爬得動」而失去自信，此時務必休息片刻，回顧到目前爲止所爬過的山路。據說他馬上轉念爲「哇！我竟爬了這麼高」，於是對自己的實力和腳勁又充滿自信，迅速征服巔峰。

如今仍以老前輩身份活躍一時的職業高爾夫名獎呂將青木功，在他所寫的書上也有類似的記載。聽說青木先生到了緊要關頭對揮桿擊球感到不安時，眼光就不再望向前方，而是回首自己打過的來時路。結果他就會回憶起自己曾經相當成功克服

過不少難關的姿態，於是產生對自己本身一種信賴感。後來也就萌生「絕對會打得順利」的自信，順利揮出下一桿。

走筆至此，作者想起自己也曾遇到截稿日將屆，卻有一大堆稿子趕不出來，半途又陷入低潮，再也寫不下去的情況，這時我會把寫到目前完成的稿子排整齊，數一數張數，拿在手裡感受稿子的重量。

不久產生自信，就可順利完成工作。

可是不論大人或小孩，凡是自己完成的實際績效，就是比任何鼓勵自己、恢復自信的方法都好的妙藥。因此，遇到孩子喪失自信，父母的職責就是讓孩子回顧過去用功的成績和努力，讓他發現「你也考過這麼好的成績，只要用功，一定會不斷進步」。

相反的，如果向快要喪失自信的孩子雪上加霜說「爲什麼連這種芝麻小事都做不好」，屆時孩子可能眞的連「芝麻小事」都做不好了。

遇到孩子失敗，那是灌輸孩子自信最好的機會

這是當我在美國生活時的親自經驗，有位美國母親帶著她四歲的女兒，到我家來玩。這個四歲的小女孩無意間打翻了裝紅茶的杯子，杯子掉到地上破成碎片。

遇到這種情形，一般日本媽媽可能會飛快的撿起四散的杯子碎片，一面不住道歉「實在對不起」，一面罵自己的小孩「怎麼這麼不小心？眞是笨手笨腳！」

當然，孩子這時候一定是站在那兒不停地哭泣。

可是這位美國母親的方式不同。她是很迅速的擦乾地上的水漬，然後嚴格地對孩子說：「去嬸嬸那兒借個盆子。先把地上的碎片撿乾淨，再向叔叔嬸嬸好好地賠個不是！」雖然沒有責備，卻也不容寬貸。

那個小女孩臉上一付快要哭出來的表情，但是卻乖乖地照著母親的吩咐借了盆子，一面自己收拾碎片、一面向我們道歉說「對不起，是我太不小心了」。

從廚房出來就一直跟在小孩身後的妻子，眼看著那個小女孩以笨拙的姿勢一一

拾起碎片，忍不住地想說「沒關係，我來收拾就好了」，但是話才出口就半途停手了。因爲她發現孩子的媽媽嚴格卻溫柔的視線，一直在看著工作中的小女孩。我覺得這才是眞正的管教。那母親實地教育小孩，即使是年紀幼小無意間犯的疏失，也應自己負責收拾善後。

我並非強調這位美國母親的管教方式才是正確的，而日本母親的教育方式是錯誤的。只是日本式的管教對於孩子的過失責罵，而收拾善後的人卻是母親，也許孩子確實能明白自己的錯誤。可是卻無法吸收到失敗的經驗，徒然留下失敗的記憶而已。如果這樣繼續下去，孩子可能會因爲害怕失敗，而不肯實際行動。

比較起來，美國方式先讓孩子收拾善後，孩子反而能把失敗當作自己的食糧。從中學會如何避免失敗迎向成功，萬一失敗之後，應如何對處才是眞正的學習。

累積成功經驗，灌輸孩子的自信

缺乏自信的孩子口頭禪是「反正我什麼都不行」。也許是因爲連續幾次應考失敗，才自我放棄地認爲「反正不行」。不少個案顯示，孩子因失去自信，結果下次考試成績又不好陷入惡性循環。

要恢復孩子難能可貴的自信，必須使他有體驗到成功的機會。不管什麼再小的事都沒關係，反正只要可以成功完成就可以，就這樣一點一滴累積成功的成就感，落實「我也做得到」的想法。

若是要恢復孩子對課業的自信，就不要拿艱深困難的問題考他，讓他從中得到自信。舉例來說，剛開始以容易的問題考他。如果現在是下學期，就拿上學期的題目考他。或者回溯到更早以前，拿前一學年下學期的問題考他。題目一出來孩子可能兩三下就解答出來。只要答對，媽媽立刻大大褒揚一番。如此週而復始，孩子就會在不知不覺中恢復自信。

像這樣進行「回頭學習法」有時也能找到孩子受挫的關鍵點。像小學生的情況，最常見的就是分數不太懂，或是小數的意義沒有完全掌握，只要瞭解他不理解的根本原因，單靠這點就能克服算術的弱點。

讓孩子重點性學習關鍵點，就能培養他基本的學習能力，考試成績自然能上升。而且孩子也能得到眞正的自信。

只是，採取「回頭學習法」，孩子可能心理會想「我已經是四年級的學生了，連三年級的學生都不如……」而失去自信，所以母親講話時要特別注意，不可說出傷害孩子的話，反正再簡單的問題都沒關係，絕對要誇獎他「做得到」的事實，一旦恢復自信，孩子必定能不斷向難關挑戰。

一次得到自信，很快就會擴展到其他領域。所以也不要限於課業，凡是孩子拿手的事，如有趣的音樂、繪畫，或是運動等都讓他做做看，給他成功的經驗。孩子可以從這些經驗中學到許多東西，然後煥然一新的成長。

不停嘮叨他「不要失敗」，結果反而成為不斷失敗的理由

打高爾夫球是我的興趣之一，前些日子我在高爾夫球俱樂部的會員球場打球，當時打一桿短程球洞，球飛不過水池——噗通一聲落下水。但奇怪的是那時失敗的經驗，可能深刻的形成一種暗示，所以自從那天以後，我每到這個球場打球，心理就會掠過一種會不會再來一次的不安。

為了消除那層不安感，每次打到那個球洞，我會調整自己的姿勢好幾次，可是最後的結果——球還是噗通落水。

為什麼這個球洞會出現連自己也不敢相信的局面？我想主要是我給自己一項負面的自我暗示。要解決這個問題，訣竅就是給予相反的暗示。

同樣的道理，可以針對孩子的課業。

如果小孩子也一樣反覆失敗好幾次，身為母親的人當然心理會犯嘀咕，當媽媽擔心孩子下次又失敗時，難免脫口說出：「你又做錯了。到底要做錯幾次？記住，

下次不要再錯了！」

可是一個人若是被反覆告知「不要失敗」，心理的緊張感反而大增，結果重蹈失敗覆轍。就像我每次的「水中噗通」例子一樣。

當孩子失敗過，整個人正陷入低潮，請不要再對他說「下次不要失敗」，何不改說「偶而失敗一次也沒關係」，孩子只要有你這句話就能精神百倍。緊接著媽媽要對孩子表現出「一點也不在意你考試成績」的態度，這點也很重要。因爲這種態度能鬆弛孩子的緊張感，減輕心理負擔，結果就會和成功環環相扣。

接下來就讓他徹底複習練習題，帶給他眞正的自信心。練習的題目最好是有問題的部份，就有很好的效果。以我的小孩本身經驗，凡是努力多練習的部份，即使是以前最感棘手的地方，到後來反而變成最拿手。

這樣做，重點在於恢復孩子的自信，所以心理一定要有「就當作是跟孩子週旋的重要依據」念頭。其實我希望也能多給自己一點正面暗示，好避免球一到魔力水池，又是噗通應聲下水。

反覆和耐心，可以培育出能幹的孩子

常常聽到許多母親感嘆「我家小孩已經小學一年級了，連一句話也不能好好地說出來」。一般說來，女孩子比較早熟，大多口齒伶俐，可是換了男孩子，不擅辭令的大有人在。這種時候要治療口才欠佳的靈丹妙藥，仍是非「自信」莫屬。

眼看著自己的寶貝兒子話講不出來，大部份的母親都是心焦難耐。說不定還會搶先一步把孩子要說的話講出來，這也是司空見慣的情形。這樣一來，反倒助長孩子口才欠佳的毛病。

一個口才欠佳的孩子，最重要的要讓他對講話有自信，所以當小孩拼命想講出自己的意思時，母親如果在一旁焦急他的辭不達意，而搶先代爲講出孩子要講的話，孩子也失去了講話的機會。

這時孩子對於自己想要講的事情表達不出來，會感到深切的無奈，因而失去自信，於是心中的話就愈來愈說不出來了。

如果眞的爲口才欠佳的孩子著想，父母應該當他的「忠實聽衆」。最好耐心傾聽孩子所講的話，務必仔細聆聽，等他講完後，把他所說過的話以適當的詞句修飾後複述一遍，如「你是說××事。這樣我知道了」。像這樣由母親簡潔扼要的方式教孩子講話，示範速度放慢，孩子很快就領悟「原來想說如此這般的話，這樣講就可以了」、「哇，話這麼講就好了」。

所謂口才好的孩子，就是擅於模仿口令的技巧，所以，由母親示範說話的方式是很重要的事。如此有耐心的反覆教導，孩子也會勇於表現說話，才能把技巧運用自如。他一旦有自信，漸漸也會變成口才好的人。這個方法並不限於訓練口才，把它當做孩子能力成長的方法也很適用。

話又說回來，口才好壞對孩子的一生會造成很大的差距。不論將來會朝什麼方向發展，只要是在社會謀生，都該具備把自己想法充分傳達給對方的技術。所以從小就應訓練孩子能夠把自己要講的話，淸楚明白地表達出來。母親也不必過於焦急，親子之間談笑風生，不久孩子的口才就有驚人的進步。

讓孩子具有一項「不輸給任何人的本領」

也有孩子個性內向、做事謹慎小心。這樣的孩子不但怕生，也不能技巧地跟人交往，不論是讀書或是體能都難免消極退縮。希望這樣的孩子儘量積極一點，大概是父母最大的心願。

爲此，可行的方法就是設法給他學一種特殊專長。不管是讀書、運動、音樂或是趣味嗜好等任何一種都可以。假如可能，不妨挑選一項同班同學都不會做的事情就更理想了。

比如學習外語就不錯，即使是吹奏口琴也算是一項特殊專長。因爲只要有一項拿手本領，就會充滿自信，擁有前瞻性的著力點。

如果孩子變得消極，心中多會有「無論什麼事都做不好」的自卑感作祟。只要開始做一件事，就先恐懼「會不會失敗」，還沒做就先氣餒怎麼會成功。可是，只要他具有任何一項優於他人的本領，就會充滿「放手去做，沒有什麼做不來」的自信。這樣的自信，必能擴大到其他領域，使孩子能多方積極的挑戰。

只是硬要孩子去做全然不感興趣的事，只怕也不能順利完成。甚至可得到反效果。

所以，應該替孩子選擇他感興趣的事，或者是他能力範圍做得來的事。

而且，母親在一旁看到孩子若是有一點成果，就應該立刻誇獎肯定他。這對孩子來說就是最大的鼓勵。所以母親應讓孩子落實「只要放手去做，沒有做不來的事」。

也許母親是想刺激孩子向上，可是責備孩子過於消極，這樣的說話方式並不可取。包括「看你那樣提不起勁怎麼辦？」或是說「眞笨、好討厭」、「你非要好好振作不可了」……等等說法。這些話也許難免脫口而出，可是這樣說話只會得到反效果。小孩反而失去自信，變得更加消極。

因此，首要的是給孩子一劑能帶給他自信的強心劑。那樣的自信會發揮彈簧的效果，使孩子搖身一變爲積極主動的例子也很多。

不要以大人的眼光評估小孩子

訪問美國或歐洲的幼稚園，印象最深的是，看到那些孩子穿起幾乎蓋住全身的寬鬆衣服（Smock），整個人彷彿是蠟筆的化身，然後在豎立於牆上的大畫布上作圖。雖然看不懂到底畫些什麼，但據說全身像枝蠟筆似的畫畫，才能發散孩子的壓力。一聽之下這才明白，原來這樣的方式可以發散壓力，眞是令人敬佩。的確，孩子們個個都快快樂樂地畫圖。

當孩子尚在國小低年級階段開始學畫圖時，使孩子喜歡上畫圖比畫得好更重要，成人難免以大人的眼光評估孩子的畫，這可是一項極大的錯誤。如果斤斤計較繪畫技巧，孩子爲求表現會走極端，一味追求爭奇鬥豔的技術，雖然看起來畫得很好，可是卻缺少純眞樸實的天性，不再像孩子的意境，也不算是幅好畫。

作文也是一樣。眞正新鮮有趣的是低年級的作品。尤其是二年級左右的小孩所寫出的文章中，也有讓大人心想「竟有這樣表現！」出人意料的新鮮想法。

等到孩子一直讀到五年級、六年級之後，固然文辭方面表現漸趨得體，可是卻類似成人所寫的文章，只修飾外形，文意趣味就減薄很多了。也就是越來越符合成人設定的規格。

在成人的世界中，也有所謂腦力激盪的方法。進行的方式是不管想什麼、說什麼都儘量提出各種構想，其中第一條規定就是「不能貶低他人的構想」。原因就是預防好不容易提出的構想，萬一受到上司或同事的批評，以後會擔心「這個構想提出來，他們也許又要笑我了，還是不說算了」，有時甚至連構想都不出現了。

反過來愈是誇獎「哇！眞有趣，再舉一個想法吧」，愈能接二連三出現新的構想。也許這裡面有很多不值一顧的糟點子，卻也可能在其中夾雜著閃閃發光的難得構想。

孩子的繪畫或作文也是同樣的道理。萬一父母在言語或表現有失望的意思，孩子就會失去想要繪畫或作文的意願，因此，父母對於孩子的作品應該什麼都肯定、鼓勵，使孩子開始愛好繪畫及作文。

父母的「禁止」命令，會奪走孩子的積極力

據說遠古時代的人類，是居住在草叢裡。在當時爲確認周圍的狀況，維護安全或尋找食物時，必須爬到高處四處瞭望。也就是說，一個人若對周遭環境有興趣很關心的話，他就會想要爬上高處。

那樣的遺傳因子，代代傳給頑皮的小孩。眼看著孩子不停的爬樹或攀高，做母親的無不每日擔心受怕、心焦不安。所以在擔心之餘，不是嚴厲責罵，就是硬抱下來，爲了到底該如何禁止而大傷腦筋的母親實在不在少數。

可是，既然攀高望遠一向是人類本能動作，是否應一律禁止呢？孩子爬上高處，一定是對周圍環境存有莫大的興趣。那樣的動機，本身就該大加鼓勵。萬一父母一律禁止，也許就此摘去了孩子剛萌芽的興趣。

再說連大人爬上高處瞭望四週時，心情也會隨之輕鬆愉快。或許是因爲瞭望寬闊的天地，會使自己覺得高人一等，所以心情愉快之故。

據說小孩因爲身高不夠，面對大人就會覺得有自卑感。儘管這點有人提出反駁，但暫且認定確有這種自卑感，可是只要孩子一登高瞭望，這種感覺大概也會一掃而空，所以，我們何不就此鼓勵孩子更積極地登高呢？你看那些年紀小的孩子都喜歡跨坐在大人肩膀上，還高興的叫著「好高好高哦」，這就是人類與生俱來的本能。

如果看到孩子爬得很高，媽媽也不必太過不安。因爲爬到這麼高的地方，孩子會以自己的方式多加注意，提高警戒心。

當然，不是保證完全不出意外，但也不可能就此闖出大禍。也許大人在一旁看得心驚肉跳時，小孩卻出乎意料的化險爲夷了。

如果母親自己認爲這樣攀高望遠十分危險而予以禁止，小孩不管做什麼都會做不來的。相比之下，從前的孩子透過爬樹的行爲所能學到的事物就很多了。

孩子也有「散散心」的必要

普通電視節目的播映，在兩個廣告之間，大約以十五分鐘爲一個單位。例如有不少卡通的一個故事情節，在十五分鐘內結束。正是因爲在心理上，十五分鐘可說是集中力的界限。

可是，影響所及坐上書桌用功十五分鐘之後再也坐不住的孩子也增加了。只不過連小學四年級左右的孩子也僅能持續用功十五分鐘，未免也太短了些。最好鼓勵他有耐性堅持下去，但要硬逼的話卻又沒有效果。

因此，父母首先可以從二十分鐘、二十五分鐘，一點一點的延長孩子的用功時間。若是看到孩子只能持續用功十五分鐘，就告訴他「過了二十分鐘就給你點心吃」，然後把鬧鐘或定時器設定二十分鐘的時間。跟小孩約定好「鐘響就給你點心吃」。只要看到小孩能遵守用功二十分鐘的約定，就好好的誇獎並依約給點心。然後第二天就向二十五分挑戰。像這樣慢慢延長時間，過了一年、二年，不論是一小時或是二小時都可以繼續用功下去。

或者是在讀書讀到一半時變換科目用功也是一種方法。即使是大人，如果一直持續做同樣的事也會感到無聊。所以在學習某種科目達十分鐘後就變換別的科目。像這樣變換科目有種轉換心情的妙用。以我而言，如果持續工作達一小時效率會開始減退時，就離開書房到其他房間去。有時洗個澡，使心情煥然一新。當然，外出一下呼吸新鮮空氣，散步也是不錯的選擇。

因此，即使是孩子一樣需要替他設想散散心。在從前，有的父母會刻意讓用功中的孩子跑腿辦事，或是讓他幫忙農耕。可是並沒有因爲如此，使當時的孩子比現在的孩子課業成績遜色。也許正是從前的孩子隨時有機會適切的轉換心情，所以反而更能集中精神讀書。

此外，讓孩子從自己拿手的功課先用功也好。這方式可獲得某種期待的暖身效果。有時連大人也會這樣，當面對討厭的工作時，會提不起任何幹勁，始終在拖延磨菇浪費時間。可是，一旦換了從自己拿手的事先著手，有時在片刻之間就把工作都做完了。同樣的道理，讓孩子先學習拿手的科目，等到讀書上了軌道再轉到下一個科目，也許就不容易厭倦。

也有大器晚成型的孩子，所以母親不必焦慮，應以長遠的眼光看孩子的成長

根據某項調查結果，發現上補習班，或學這學那的小學生高達百分之九十七。那是說，幾乎所有的孩子都會去某某教室學點東西。

在學習類補習班中，數學科佔最多，約八成以上。國語只佔一半。結果孩子一週就有二～三天上補習班。

據說在這種課輔班中，一般每天要上三科，每科都要讀一個小時。有時上課到九點以後的情況也不稀奇。甚至有些孩子在下課後說「無論如何也有問題要請教老師」而自動留下，一聽這種事，我的內心眞是沈重極了。

孩子先是在學校唸書，然後在補習班唸書，在那之後還要留下來。我認爲孩子們的世界確實改變很多。

至於練寫字的約佔一半，其他如音樂、體育等佔四成左右，平均一週有二天。

當然，其中也有些孩子通通都學，所以有的孩子忙得不可開交，一星期每天排得滿滿的補習班課程。

在從前，姑且不論學習才藝方面，上所謂的課輔班的孩子也爲數不多。如今注重學歷的風氣嚴重，中學聯考、大學聯考成爲最大的目標，持續地催促逼迫孩子們用功。

此外，父母認爲「隔壁的孩子去補習，那我的孩子也……」這樣的競爭意識、體面意識，也助長那樣的傾向。這也許是父母親眼見隔壁小孩上補習班心感焦急，擔心萬一孩子不上補習班會跟不上大家的程度，總覺得沒有盡到父母的義務。

關於孩子上補習班這件事本身我並不反對。但是父母心中要有堅定不移的目標，並且充分掌握孩子的學習能力、幹勁、興趣再決定孩子是否應該上補習班。

萬一孩子不想上補習班，父母還要硬推他去，效果恐怕適得其反。孩子心理一旦有「被迫上學」的意識，成績也不可能好得起來。

父母可以等待看看，孩子是否自己主動要求上補習班。其實也有大器晚成型的孩子。所以不必多慮，應以長遠的眼光看孩子的成長吧！

不要一直逼孩子，用功、再用功！

我曾聽過有個孩子問：「死了就一了百了嗎？」乍聽這句話我嚇了一跳，仔細詢問之下，所幸他沒有受到欺壓的情形。其實，只是因爲作業太多而煩惱不已。孩子比較單純會脫口說出「想死」這種話，所以一時也弄不清這個孩子到底心理怎麼想？

也許各位都知道，在美國原則上沒有家庭作業的。因爲進美國學校第一件事，就是不把教科書帶回家。那是說，走出校門，孩子就解脫用功讀書的壓力。「用功是在學校的事」這種想法早已根深蒂固。

可是換了日本的情況，暑假時家庭作業之多簡直不忍卒睹。原本快樂的暑假，只要一想到家庭作業用的教材數量之多，立刻轉身變爲灰色的假期。我本身也曾爲了老師刻意在假期中給的超級家庭作業而大傷腦筋。我想任誰都有過眼看著暑假快要結束的前幾天，哭喪著臉趕作業的經驗。

不只如此，每天規定的回家作業也一樣很多。當然，孩子中也有個別差異，也許那種份量對某些小孩來說根本不算一回事，但是換了另一個孩子，可能早已超出他能力的界限。遇到這種狀況就不能猶豫，立刻和級任導師好好談一談，例如減少家庭作業的份量等，務必設法使孩子稍微紓解壓力。

只是，有件重要的事情必須謹記在心。那就是老師指派家庭作業的意圖是什麼？也許家庭作業份量過多的情形，是因爲孩子遇到一位熱心的老師，想讓孩子學習能力更加進步，是基於對教育的熱忱所致。有的時候也可能是針對某個人，或是功課趕不上的孩子出題。但是，偶而也會指定帶有處罰性意味的家庭作業。所以，發現孩子家庭作業過多，應先請教老師眞正的意圖是什麼？以爲今後應對的方式。如果小孩會因家庭作業過多而說出「一死了之」那種話來，那麼家庭作業原先的意義就蕩然無存了。

而且有很多孩子除了負擔學校的課業之外，還要上補習班補習，要讓他消化大量的家庭作業，恐怕也是一件困難的事。或許因爲有些孩子要報考明星中學，所以老師不得不爲了這些孩子奮發圖強的猛出習題，可是這沈重的作業如果在孩子心目中有著「寫不完、眞想死」的痛苦，豈不是本末倒置了嗎？

給孩子一種夥伴意識，讓他知道「傷腦筋的不只是我一個人而已」

不瞞你說，在國小時我的成績只能算是普普通通，等上了中學可就完全不行了，經常是排在班上尾巴的那幾名。在國小時，是由一個老師擔任所有科目，可是上了國中每個科目的老師都不一樣。而且各科內容趨向高難度，還出現小學從來沒學過的英語。結果有不少孩子因此受挫，對課業失去信心。

至於我本身，並沒有喪失自信，只是每次都告訴自己，「沒關係，等我提得起勁再彌補這次考差的成績好了」，就這樣輕輕鬆鬆的一筆帶過，可是一直到畢業，我所謂的幹勁卻根本沒出現過。

對那失去自信的孩子，如果告訴他們一些小時候成績不好，可是長大之後卻成就非凡事業的名人故事，也許孩子會得到一些恢復自信的啓示。

根據某位學者所列舉的名單，包括生物學家林耐、達爾文，物理學家牛頓，哲學家海格爾，詩人拜倫，以及拿破崙等人，統統因爲欠缺能力、擁有缺點，在學生時代被貼上「問題學生」的標簽。

特別是拿破崙，對於自己的身材有著強烈的自卑感。可是他卻成功的克服這些難關，榮膺偉大英雄的寶座。

受拿破崙英雄事蹟鼓勵的樂聖貝多芬。他從少年時代就因爲家境淸寒及身體方面的缺陷，而苦惱於強烈的自卑感。據說後來當他知道拿破崙也有著同樣的困擾，卻能戰勝自卑感的事實，旋即恢復自信，且成爲偉大的音樂家。

若是一個人在陷入情緒低潮時，知道其他人也跟自己有同樣的缺點，那麼很快就會心情開朗。更何況是知道那個人不但克服缺陷，還成爲人上人的事實，一定更能發憤振作。如果小孩失去自信，情緒陷入低潮，就可以給他一種「傷腦筋的不只是我一個人而已」的夥伴意識。進一步使他知道，也有克服這樣困難、東山再起的先賢存在，應該可使他重新出發。

因此，對那些喪失自信的孩子，應該講述這些「問題學生們」的故事給他聽，他就會鼓起勇氣奮鬥下去的。

說出哪句話會糟蹋孩子

- 「你連媽媽講的話也聽不進去。」
- 「不可以講髒話。」
- 「年紀小小竟然色瞇瞇的。」
- 「雖然體育和勞作得五分，可是數學才三分，未免太差勁了點！」
- 「快點做啊！眞笨！」
- 「你那樣做，是會被人恥笑的。」
- 「眞拿你沒辦法，只有今天下不為例。」
- 「求求你，你就聽聽媽媽講的話吧！」
- 「你畫的是長頸鹿嗎？怎麽不太像呢？」
- 「小孩子有耳無嘴，不必懂太多。」

3 看你這樣做，難怪孩子失去幹勁

那句話是不是奪走孩子的幹勁呢？

一提到讀書，我就會想起從前媽媽鼓勵我的一句話，她說：「雖然現在你討厭讀書，但不久你一定會喜歡用功的。」

有一天，我就像往常一樣，照例爲考試成績差勁而心情低落，媽媽就鼓勵我說：「也許你現在課業成績是不好，可是將來一定會成爲偉大的人。媽媽相信你，也知道你一定可以。」

我在孩提時代，聽了這種話，不以爲然的想「這是什麼話？也不看看我的成績爛成什麼樣子，怎麼可能是偉人？」滿心都是反駁的話，根本不甩媽媽說的每句話，只顧自己跑出去玩。

後來，可能是媽媽的「預言」實現了。我竟也跟別人一樣進明星高中、大學，一直到今天有這樣小小的成就。也許正因爲媽媽說的那句「你的課業一定會好起來的」，在我的心中灌輸「說不定想做就做得到」那樣的自信，因而引發幹勁。遇到考試時問題解不開快要氣餒時等等，說也奇怪，媽媽的這句話就會自然浮上心頭。於是我想「說不定眞的想做就做得到」，這才不輕言放棄繼續奮鬥。

不久之後我在修心理學時，發現母親的話具備帶給我自信的暗示效果。反觀最近年輕的母親，教育子女的方式實在不無疑問。我總覺得母親固然要爲子女多方設想，但一味照顧的做法只會給予負面的暗示，使孩子的自信與幹勁消失而已。

例如，孩子把考試分數很低的卷子帶回家，不少母親劈頭就罵「連這麼簡單的問題都不會做嗎？」其實這句話正是會招致負面暗示的效果。如果孩子不斷聽到母親說「你眞差勁」，不管孩子生性再怎麼樂天，只怕也會漸漸認爲「我眞的很差勁」。最後眞正成爲差勁的孩子。

遇到這種情形，母親應該反過來說「想做就做得到」，只要如此不停地肯定孩子、認同孩子，即使他最初對自己的能力半信半疑，後來也會慢慢覺得「說不定眞的想做就做得到」。

目標不要訂得太高，改換簡單一點的期望，孩子才會成長

有許多母親總是拼命嘮叨小孩說「你已經小學六年級了，還那麼不專心，連一小時都沒法用功下去，到底該怎麼辦？」母親這麼做其實是自己早已預設心目中理想小孩的形象，然後再跟自己的孩子比較，當然覺得自己孩子不成材，忍不住就罵出來了。也就是先有「六年級的孩子應該有如此這般的表現」的既定「好孩子模式」，這才多方催促。

但是，孩子也是人。人生不如意事十之八九對他來說也不例外。而且世事結局往往使他既焦慮又生氣。在失望灰心之餘，孩子就乾脆一動也不動了。假如孩子聽了父母的催促，表面上好像是很用功，其實卻心不在焉那也沒有用。確實也有很會裝模作樣的孩子，看起來似乎關在房裡用功讀書老實聽話的樣子，事實上他看的是漫畫。

因此，在這個時候就有必要開始心理建設。首先派給父母的課題，就是捨棄過

高的期望，改給孩子比較適當的目標。比如說母親吩咐「現在你要集中精神開始用功一小時」，孩子猛然聽到這句話大概會莫名其妙，根本辦不到，所以最好改換十分鐘、十五分鐘那樣簡單可達的目標。

這在成人的情況也是一樣，萬一目標過高，離自己的距離太遠，就很難引起幹勁。一開始就認定辦不到，很快會看破放棄。大家都知道與其心不甘情不願地爲過高的理想奮鬥，怎麼做也做不來的話，不如換個「加加油，說不定輕輕鬆鬆也可以做得下去」這樣的目標才提得起勁，下定決心說「好，我就做做看」。

孩子只有三分鐘熱度的情況也相同，從十分鐘、十五分鐘的目標開始，如果孩子達到目標就要大力讚揚。然後漸漸延長目標。

這時你若說「今天要做滿三十分鐘」，孩子也會覺得「才三十分鐘，我應該可以讀得下去」。等到眞的達到三十分鐘的目標，不久之後要達成一個小時的用功時間目標，應該不會困難。

孩子前瞻性的目標應該訂高一點，但眼前的目標最好設定在唾手可得的範圍。如此方能帶給小孩成就感與自信，展現出積少成多，聚沙成塔的功效。

父母要假裝什麼都不知道，孩子才能真正放鬆

到了唸中學，每學期開始有期中測驗和期末大考等定期考試。這種定期性的考試，差不多二個月考一次，在老師的立場看來，這是考核學生學習成績最直接的參考資料。

可是定期考試卻也帶給孩子很大的心理負擔。在那樣的壓力之下，考前心理上的不安、焦慮，考後忍受自卑感的痛苦煎熬。如此反會降低用功效率，因而阻礙孩子的集中力。

這種焦慮的狀態，都是因爲孩子的腦子被迫在眉睫的考試完全占領才引起。要解開如此緊張的狀態，最簡單的方法，就是讓他的思路轉向與考試完全無關的事，使他一心一意只想那些事情。例如「等考完了，我們就去吃牛排吧」，或是「等天氣涼一點就去旅行。你想到哪裡玩呢？」等等，適切找些孩子可能關心的話題，引他開口說話也是可行的好辦法。

這情形就等於是眼看著汽球漲得快爆破了，就先穿個小洞，讓氣稍微跑一點出來。爲孩子描繪考試結束的快樂景象，對久處壓力之下的孩子特別有效，只要擁有快樂的美夢，他的不安和焦慮很快的消失殆盡。

當然，講這些事的時機，最好挑選用餐的時候，或是午茶時間，以儘量輕鬆的心情聊天般地說出。

其實像定期考試還有寬容的餘地。可是，換了像聯考這樣決定性的作戰，孩子在準備應考時，一定會受到緊張與不安更加激烈的襲擊。遇到這種情形，也許連父母都失去穩定性，變成一切只爲聯考著想，整個家庭就一發不可收拾，使應考生更加緊張不安。

所以，家有應考生者要特別小心處理，最好向孩子表示「不管你考試的結果如何都不要緊，只要看到你氣定神閒，我才能夠放心」。因爲一旦參加考試就無法穩住的孩子，往往多餘地過分重視考試成績，總是鑽牛角尖地認爲一試定終生，萬一失敗會失去一切的想不開。爲了解脫這樣的緊張，周圍的人最好裝作不知道「聯考有什麼了不起」，同時大家的意識或話題都不要集中在考試上。

與其強制孩子，不如告訴孩子讀書、家庭作業所代表的意義

某國中女生的家事課作業是縫製和服。可是，衣服製作到安裝領子的部份時太困難了，怎麼也做不好。她只好向母親求助。原來母親正是專門的和服老師，要縫製領子簡直輕而易舉。可是她的母親卻一點幫忙的意思也沒有。只是動口指導她這裡怎麼做，那裡怎麼做而已，然後就袖手旁觀不動手。明明只要稍微撥出一點時間就可以替女兒完成和服，但卻無動於衷。

可能是那名女學生焦急自己做不出來的關係，情急之下脫口而出「小器鬼！一點忙也不肯幫！」

然而，當時她的母親卻這樣回答：「媽媽看到這項功課早就技癢難耐了。但萬一媽媽動手幫忙完成，你可能一輩子都不會縫。所以有些事情儘管很想做也不可以做。看你縫不出來，媽媽比你還難過啊！」

當然，這個小孩聽了母親所說的話，才發現自己恃寵而驕的心理要不得。據說

她後來抱著做不好也沒關係的心理，拚命把和服做好了。

教導課業還無所謂，也有不少孩子甚至要求幫忙做家庭作業。這樣的心態實在要不得。家庭作業要自己做，才能培養出學習能力。所以，要父母幫忙做會招致反效果。

問題在於父母該如何拒絕這類要求呢?端看說話方式而定，也許結果會造成孩子的反抗心和孤獨感，也許反而引發幹勁和活力。

如果只是告訴他「自己的作業自己做」，或是說「你非自己做不可，媽媽才不管!」這樣的說話方式，我看大部分的孩子都會在心裡起反感，可能就賭氣的認爲「反正他就是看扁我了」。

應該改採前述提過的那位母親的態度，坦白地告訴孩子自己的心情，說明不能幫忙做作業的理由，也就是教孩子自己做作業的重要性。

因此，也不要一把推開孩子的求助，最好採取親子共同思考家庭作業之含義的姿態，才是最重要的。

要矯正討厭用功的行徑，先要掌握原因，再養成習慣

這本書寫到這裡，相信各位讀者都看得出來，一個已經討厭用功讀書的孩子，要讓他回心轉意眞是談何容易。不管父母是大發雷霆、咆哮怒吼硬逼他去，還是苦苦哀求說「拜託你」、「請你積積德吧」均告無效。這時，首先須探究孩子討厭用功的原因。瞭解孩子究竟爲什麼那麼不願用功。

第一個原因就是對功課沒興趣。學校學習課程難免比較抽象，所以孩子無法理解爲何要學這種枯燥乏味的學問。遇到這種情形，就多派給他跑腿到附近商店的機會。藉由接觸實際上應用的生活，他會發現計算的必要性，同時也能瞭解做生意的來龍去脈。以這種作法教他研究學問的意義，也可以引起孩子對課業發生興趣的動機。

第二找出課業有什麼不懂，或趕不上別人的地方在哪裡?不懂的事情當然談不上喜歡。遇到這種情形，就必須替他解決所受的挫折。

第三個原因，有時候是孩子玩昏了頭或沈迷於電動玩具。說來遺憾的是用功這種事情，是怎麼也比不上看電視、聽廣播、玩遊戲等引人入勝的事更有魅力。假如要中斷孩子玩樂的時間去用功讀書，恐怕誰也不能盡如人意。所以可以跟小孩約法三章，例如，使他答應打電動或玩耍之後一定要專心讀書。或是反過來要求「看電視之前先用功」，如此使電視與讀書的時間有所區隔，也是應有的考慮。

另外一個重要的事情，就是培養用功的習慣。起初最好不要奢望孩子一下子就能長時間的用功，改訂爲五分鐘也好、十分鐘也好，只要眞的坐在書桌前就好，如果孩子確實有用功，就肯定他的表現，好好地誇獎一番。

像這樣一點一滴反覆不斷累積，不久之後孩子就能持續用功三十分鐘，甚至一小時。久而久之，孩子從學校回來，如果沒有坐在書桌前唸書就不習慣。那麼你的目的就達到了。

因爲用功讀書也會成爲一種習慣，那樣的習慣應趁孩子幼小時切身培養起來。但是父母也不可因此而不停地嘮叨叱責，有時會導致反效果，使孩子完全討厭用功。最好是母親放下焦急的顧慮，耐心地引導孩子，孩子才有健全成長的希望。

奪走孩子幹勁的「禁句」就是「快用功」

針對小學生進行問卷調查「最不希望見到父母的行爲是什麼」，排名第一的標準答案是「不要一天到晚嘮叨用功快用功」。可見「快用功」對大部分的父母來說已變成了口頭禪，但對孩子而言卻是最不樂見的一句話。

提醒孩子注意，或向他訓話，如果只是掛在嘴邊叨唸就沒有什麼意義。一定要付諸實際行動才有意義。不料大部分的父母根據經驗，明知無效卻仍是喋喋不休，叫著「快用功」、「快用功」。也許這麼做有自我安慰「該說的話已經說了」的心理作用，但實際上對孩子沒有一點效果。

說也奇怪，孩子聽到父母催促說「快用功」，結果卻正好相反的變成「誰要替你用功」、或是「我才不要爲你用功」的想法。因此，寧可保持沈默，也不要叫嚷，不如改換其他方法引起孩子的幹勁，這麼做更聰明。

例如，替孩子準備漂亮的書桌，或是買盞檯燈等等。釀成一股孩子覺得走進書房坐在書桌就不亦樂乎的氣氛，孩子一定會自動自發的讀書。

而且，若是看到孩子在用功，即使是短時間也好，也要跟他說「小華，看你這樣用功眞好」，或是「媽媽最喜歡看到你好好用功」，這不是討好孩子的說辭，而是由衷的跟他這麼說。找孩子的毛病而惡聲叱責並不是教育，能夠找出孩子的優點跨獎讚美，才是最重要的。

你的苦心會讓孩子看到自己沒有用功而感覺慚愧，或是當他趕不上同學的程度時，當然自己也會暗自焦急。所以只在孩子身旁觀察，不需要逼迫催促，隔段時間孩子也許會自動坐向書桌。

至於這段不用功的空檔時間，也許是十天，甚至是一個月都未可知。在那段時間內，親子之間會經歷莫大的考驗期。萬一父母按捺不住脫口而出「快用功」，那一切努力都付諸流水。

父母的職責就是在孩子身旁默默守護，而且心理要認定「即使完全不用功，一、二年也不要緊，只要提出幹勁，成績立刻可以趕上」。

幼兒教育應以孩子感興趣的方法教導

以幼兒識字教育著名的石井勳先生，名片上會印上「九」、「鳥」、「鳩」等字。石井先生是倡導漢字應比假名先學會的「石井方式」提倡者。

以石井先生名片上的這三個漢字爲例，教導幼兒認識這三個字時，到底哪個最容易呢？可能大家都回答「九」最容易，「鳩」最難。

當然，如果考慮到不只是認識字，還要會寫字，「九」確實最簡單。然而，若是只需認識字就可以，這三個字的排名順序剛好相反。對幼兒來說，最容易認識的字是「鳩」、「鳥」，最難的是「九」。

父母在教孩子時，可以把「鳩」、「鶴」、「雀」等動物用大張的圖畫紙畫出來，然後告訴孩子「鶴姊姊和鳩妹妹相親相愛」的故事，之後再以文字給孩子看，如此小孩就能輕而易舉地學會這兩個漢字。因爲鶴和鳩有具體性，小孩很快就能明白，和腦海中的印象聯結起來。可是另一方面，「鳥」、「九」都算是較抽象的名詞，要小孩很快學會稍微有點困難。

作者本身十分贊成早期教育。但是要有個前提，不要強迫孩子學習他不感興趣的事。所以，用孩子能自然而然感興趣的方式教導最好。幼兒與生俱有無限雄厚的潛能，端看你如何啓發，就可以使他的能力不斷成長。像石井方式的幼教法，也許對孩子來說也很不錯。只要父母多用點心，就能實施非常有效的幼兒教育。

有位美國人採取如下方式養育他的孩子，爸爸使用德語、媽媽使用英語、管家使用法語，三個人以不同的語言跟孩子溝通。

據說有一次這個孩子在外和其他孩子一起遊玩時，跟大家用英語交談，使其他人嚇了一跳。原來這孩子以爲人人都該講不同的語言，對於現在大家爲什麼都講同樣的話才感到不可思議。

或許這也是一種有企圖性的教育。只是在日本實施起來會有點困難。不過，據說這個自幼習得多種語言的孩子，不久成爲大學者，享有國際性知名度而活躍一時。正因這樣的幼兒教育絕不是塡鴨式，目的就在教育。可見幼兒教育首要考慮的就是孩子的興趣。

父母焦慮的情緒，會傳染給孩子

有的孩子常說「功課做不完」、「時間不夠」，經常被時間追趕得喘不過氣來。有時候大人也會因爲工作來不及做完感到很無奈。

動物是沒有焦急情緒的，萬物中只有人類才會焦急不安。我認爲箇中原因正是「發明時鐘」而引起。

動物天生就有配合自己生理反應的「體內時鐘」，一切行動以體內時鐘決定。相較之下，人類卻是經由名爲「時鐘」的機械發明，才具有在物理上的時間概念。從那時開始，人類已然忘卻位於自己體內的自然時鐘，反被機械所制定的時間操縱而縛手束腳。

然後，現在又產生「效率」這樣的想法。也就是人們開始要擔心在規定的時間內的生產量及作業量的達成。

你看，人類就是因爲這樣才產生「焦急」的心理，不是嗎?人類爲提高效率，心靈上被迫負起稱之爲「焦急」的重擔。因此，爲斬斷所謂用功效率不彰、工作無法順利運行的想法，務必使自己的思維，從時鐘的機械所標示之時間解脫出來。

世上既沒有解脫焦急的特效藥，何不乾脆從家裡拿掉時鐘。只要一除下時鐘，時間的感覺立刻擴增到無限大。不必要的焦急也會隨之雲消霧散。話雖如此，但作者自己也從來沒有過如此徹底趕走時鐘的經驗。如果有人指稱現實生活根本無法脫離時鐘，因爲這樣，社會生活就無法成立，我也無話可說。

不過，現在若是不要拿掉現實生活的時鐘，只把心靈上的時鐘吹走，你看如何?作者自己感到焦急時，就會在心裡想「明天又是新的一天」即使是參加考試時也是一樣，我一向都會想：

「人生的路還長得很。即使這一年、二年時運不濟，又有什麼大不了」，就這樣熬了下來。意思就是把心裡一向的時間感覺擺脫掉。

因此，對於一直處於焦急狀態下的孩子，務必爲其設想，使他心中存有足以迴旋的餘地。

父母的「杞人之憂」，對孩子的成長有負面影響

有的母親會說：「我的孩子經常在自言自語，眞敎人擔心極了。」

關於孩子自言自語的問題，有衆多研究，不少學者在理論上採取對立的想法。不論如何，「自言自語」這件事，對孩子本身具有重要的意義。

說話，原本就是和他人意志溝通時的重要工具，對他人傳送出想法的語言，這在專門用語上稱之爲「外言」。相反的，自己本身思考時使用的語言叫做「內言」。沒有外言就不能傳遞自己的意思，沒有內言就無法技巧思考複雜的事。

因此，這種「內言」在人類思考過程中，佔有非常重要的一部分。

孩子如果自言自語的時候很多，原因是當他靠「內言」思考時，不經意脫口而出變成「外言」。

大人也是這樣，一旦碰到不可解的問題就會自言自語，不是嗎？因爲在思考的過程，會以自我問答的形式說出。那就是「內言」不知不覺變成「外言」。

至於孩子的情況則是當有了問題時，他並不會去問其他什麼人。但是他的語言無法成爲只是收納在心中的「內言」，形成內心的思考工具，只會把自己想的過程向外喃喃說出。

也就是孩子的自言自語，都是他自己衆多的想法。所以，我並不贊成母親以大驚小怪的心理，去禁止孩子自言自語的行爲。我們怎麼能夠硬性禁止孩子自己獨立思考的行爲呢？應該是採取欣見孩子自言自語思考的現象才對。媽媽最好欣喜於「我的小孩正在拚命想要思考」。

同時你也不要問孩子到底在講什麼？或是叱責他自言自語吵死了。也許有人會擔心「這孩子是什麼地方有毛病嗎？」但是自言自語這件事，對孩子精神發達的意義非常重大，千萬不要過於杞人憂天，也不要阻擾他。

能否抓住孩子的心，端看父母如何努力而定

常聽人說「我跟家裡無法溝通」。尤其是親子之間，常常變得無話可說。到底孩子爲什麼不肯主動跟父母對話呢？

首先「一見面就嘮嘮叨叨」就是最大的理由。在父母的想法，是過於擔心孩子，才在嘴上常常掛著說教的言語，不過這對孩子來說卻不愉快極了，難免避之唯恐不及。

第二個理由是「感到合不來」。父母在這方面有二種類型，第一種是早已不復赤子之心，也不能保持年輕的心情跟孩子玩，另一種則是感覺上和孩子相差太多，於是跟孩子無話可說。如此一來，孩子也會覺得跟父母講話是件苦差事而提不起興趣。

在小學生時期還好，一旦上了中學，不但在身形上猛然增加大人的味道，也正式邁入反抗期，此時想要製造談話溝通的機會一定更加困難。孩子一回到家更是把

自己封閉在自我的世界裡，對雙親敬而遠之。因爲這段期間剛好是孩子心態上脫離父母保護的時候，難免覺得跟朋友談天比較快樂。

再說，那也是成長的一種過程。如果父母一定要抓住孩子的心，使他不會離得太遠，那麼父母必須付出相當大的努力。

例如，在和孩子的交談中，偶而插入幾句現在他們世界裡的流行語，可能會有相當的效果。爲此，務必陪孩子一起看他喜歡的電視節目，也隨手一本孩子們讀的雜誌或漫畫，有必要或多或少的惡補一下。就這樣把學來的流行語找機會技巧的運用看看，孩子本來都認爲父母不可能參與他們的世界，乍聽父母使用他們的流行語，一定會有「哇噻！太酷了」的意外性。

或許他就此對父母的話開始傾耳細聽。如果說他們的流行語是要刻意諷刺孩子，這會引起他的反感，並非良策需要小心注意，說孩子流行的話引起談話動機，主要是想縮短親子之間的距離，架起通往孩子世界的橋。而且，最好多利用假期享受同樂的趣味，扮演開明的父母這種角色。

若是經常板著臉孔，一本正經，開口閉口都是說教，孩子才不願意和他說話，換了可以一起同樂的父母，孩子才會樂於溝通。

父母不說還好，越說越使孩子不聽話

有個上班族抱怨工作太忙，連看電視的時間都沒有，話雖如此，他還是忙裡偷閒的找出空檔，欣賞他愛看的節目。後來，他終於狠下心把錄影機買回家，反而看不到他想看的節目。

原來在以前不論有多忙，如果是眞正想看的電視節目，不管要排除多大的困難都要看，可是現在有了錄影機，就會心想「既然已經錄了，想看隨時可看」，如此一來反而沒有那份熱情，也失去專心一志的集中力。

父母對孩子的叱責也有一點類似這種情況。常常聽到父母抱怨「孩子都不聽我的話，不遵守我的吩咐」，或是說「不管說幾次都不肯做」，但是父母有沒有想過「這個『說了好幾次』的次數會不會過多」呢？

關於孩子不聽父母的話這件事，其實是孩子對於父母所說的話根本就心不在焉。表面上似乎恭恭敬敬的聽，實際上根本沒有聽進去。有時候則是因爲不記得父母說過的事，有時則是根本不想照做。甚至於還有明明是「嗯嗯嗯」點頭說好，一轉眼居然說「那種事沒聽說過」。

說也奇怪，父母是因爲孩子總沒把話聽進去，才會說了又說好幾次，但孩子卻是一聽父母訓話就會心想「又來了」，根本不想認眞聽父母說什麼。

所以要提醒孩子注意，或給孩子指示的情況，與其說了又說，不如以「這些話不會再說第二次」的態度面對孩子，孩子才能集中精神專心的聽。

比如說想要養成孩子「外出回家、務必洗手漱口」的習慣時，應預先聲明「聽清楚，媽媽只講一次」，效果必定截然不同。如果是有事宣佈，或是要講重要大事，最好講話時連身體的姿勢都要改變。親子雙方都要正襟危坐，然後跟孩子面對面的愼重說出。

父母如果像一台故障了的錄音機卡帶，不斷反覆說同樣的話，根本就失去說話的分量。特別是手上還有工作，一邊做事一邊說，說的人就不專心了，聽的人當然更是不可能認眞的聽。因此，父母應多加考慮，如何使說出的話夠分量，得到孩子的回應才對。

假如對孩子的疑問都鉅細靡遺的答覆，會奪走他自力思考的機會

曾經看過這樣的故事。某位劇作家在孩提時代，被夜市裡販賣的魔術商品迷住。他吵著身旁的母親替他買下，但母親卻說「你現在還不會玩」，然後就不理他了。可是他無論如何都要買，就使性子，又撒嬌又耍賴的，結果好不容易買到手了。

回到家打開一看，果然這種東西對小孩子來說太困難了，不是他那個年紀可以玩得來的，他只好拿去請教母親，但是母親卻不肯教他。還對他說「這是你硬要媽媽買的，所以媽媽故意不教你怎麼玩。看你自己什麼時候才會玩，現在你就自己去想吧」。這下子無計可施了，他只好自己一個人拚命傷腦筋。據說，當時他是好不容易才解開魔術的秘密。可是那位劇作家卻說「我反而非常高興」。

孩子天生就是疑問的化身。當然有些疑問是幼稚到不值一提，但小孩卻是認認

眞眞的問出來。只是對於孩子的問題，父母有沒有必要全部都回答呢？或許有時候讓他自己思考，也是一種不錯的方式。

對孩子的問題，如果是從一到十都要清清楚楚的回答，會奪走孩子自力思考的機會。也就是那些在孩子能力範圍但要想想看的問題，父母不一定要百分之百的回答，應該留下使孩子自己思考的餘地。

像前述劇作家的情況，母親若是對他的問題照樣答覆，他就不可能自力思考其中的奧妙，那麼揭開謎底時的欣喜就會減半了。在那種含義上，這位母親可以說是一位出色的教育家，也是心理學家了。

有某所小學，老師在敎過某些事情後，會出一些孩子不可能輕易解開的問題當家庭作業。例如，敎過三角形或四角形的面積計算方法，就出個如何計算葫蘆型面積的問題。孩子當然無法輕易地答出來，這個問題會留在孩子們的心中苦苦思索。一直等到稍長之後，有機會接觸到積分，才能成功地解開長年的疑惑。解開後的豁然開朗，對當年老師的用心會有更大的感激。

為什麼孩子不喜歡讀書，只愛玩遊戲？

剛開始讀書的時候，總會覺得好累。一旦做得順手，自然而然埋首其中，而感到興趣盎然，也會集中注意力，不過這「剛開始」的動機卻很難引起，常常會在那兒磨蹭半天、浪費時間。像我這樣的大人，也常會無心工作很難著手去辦。連讀書是我的本職的人都感到「很難用功讀書」，何況孩子根本無心用功，這也極爲理所當然。

遇到這種情況，我們從經驗得知，只是一味告訴他「快用功」，是完全沒有效果的。

現在何不捨棄正攻法，改採從旁誘導，出其不意的方法。例如要孩子決定的並不是要不要讀書，而是「功課從何著手？」這是把用功當成極爲理所當然的事，至於下決定「從哪科開始用功？」可採取『抽籤』的方式。

抽籤的籤條製作的方式如下：在縱線終點寫上各科目名稱如「國語」、「數學」、「理化」、「社會」等成梯狀。至於橫線則是由孩子自己決定畫走的路線。如此一來，孩子就會感興趣而願意參與。最重要的問題，就是主動參與的意識。換了這種帶有遊戲性質的形式，孩子會自然而然的參加，不會有抵抗的感覺。按照自己的意思輕輕鬆鬆地畫著路線。

可是從這點開始才是最重要的，既然由抽籤而決定了先讀的科目，就很難再開口說不。同時對於自己參與決定橫線終點的科目，也不敢敷衍了事，會產生一種類似責任感的感覺。

萬一不小心抽到的那科眞的非常不喜歡唸，他也會問「可以改成先唸國語，再唸數學嗎？」只要孩子開始用功就算成功了。

孩子都是喜歡玩遊戲的，所以利用抽籤這種遊戲形式，讓孩子樂在其中。不論是什麼方法，反正只要孩子開始用功，父母就該好好誇獎一番，孩子必定可以提得起勁發憤振作。

如此週而復始，消除孩子不知從何開始的猶豫，久而久之，孩子可以主動用功讀書，就不必依賴抽籤而決定了。

老實的孩子等於好孩子的想法，是日本才有的特殊想法

在日本的父母有種特殊傾向，專門喜歡那些老老實實的孩子，覺得老實的孩子就是好孩子。的確，老實的孩子不會耍花樣，比較容易教育。再說，依儒教面的習慣，凡是長輩說的話晚輩應無條件接受。因爲大人會爲孩子的將來設想，爲減少孩子成人之後人際關係的摩擦，使孩子的未來既安全又順利，還是老實比較好。

可是，環顧全世界，無論是英語、德語、法語等語言中，卻找不到和日語中「老實」恰好吻合的單字。可見「老實」這個名詞是日本獨特的想法。至少在歐美人的價值觀中沒有所謂「老實」的這種概念。

事實上，在歐美各國的教育理念中，沒有人要把孩子管教成「老實的孩子」。而且看起來他們甚至想要把孩子教育成有自我主張、意志堅定的人，結果孩子個個是有堂堂主張、自我強烈的人。

偉人輩出如愛因斯坦、梵谷、佛洛依德、亞當斯密斯的猶太民族，其教育方法

更是徹底。他們有種稱之「共同學習」的教育法，內容是讓孩子們對於所學過的事當場經由辯論爭執的討論印證。而每個孩子都形成自己牢不可破的主張。

「這個孩子很老實」，這句話的意思是說孩子不忤逆父母或長輩的指示，不論說什麼都照單全收。反過來說，也等於是這孩子沒有自己鞏固的意志和信念，如同一張白紙，任何想法都可以染上顏色，說得好聽是有彈性，但同時也給人不可靠的感覺。也就是指這樣的孩子不能夠自己思考，缺乏判斷的能力。

他即使有了自己的想法或意念，也會擔心若是過於強烈主張自己的想法，恐怕很難避免產生與他人摩擦的局面，於是自己就先侷限不主張自我，總是適當協調打圓場，含混以對。就這樣扭曲自己的意志而成爲習性了。

尤其是老實的評語之上又加個「好孩子」的大帽子，那眞是沒第二句話好說，一定是不會頂嘴、對父母言聽計從的孩子。可是果眞是只要這樣就好了嗎？

的確，日本人的特質是以和爲貴。太過於強烈的主張自我之人，可能遭受衆人敬而遠之的情形。但是，完全不主張自我意見的人就能夠平安順遂的渡過暗潮洶湧的成人社會嗎？如果孩子能夠對父母理直氣和、條理清晰地說出自己反對的意見，這不是更可靠的作風嗎？

讓看電視也不會影響讀書

電視果然有一種特殊的魔力。一旦看電視上癮，萬一關掉它，孩子很難不心焦氣急的。也許正在播映的節目他並不感興趣，只是無意識的扭開開關，心不在焉的坐在那裡盯著電視。

就像很多家庭主婦白天在家裡看連續劇，也是漫不經心純粹打發時間。何況孩子天性有樣學樣，雖然不愛看的節目，卻一刻也離不開。

現在，我認爲孩子無論如何也要養成有節制收看電視節目的習慣。如果是小學低年級的學生，本來眞正想看的電視就很有限。從今天起就讓他自己決定每天放學後想看什麼節目，等看完那個節目就咔嚓一聲立刻關機。即使馬上就有大人想看的節目也要暫時忍耐不看，反正就是先關掉電視再說，規定要執行得一絲不苟才是重要的作法。

如此把「不經心開電視的習慣」，轉變成「只看想看的電視」這種情況，才能養成中規中矩的生活習慣。

很多母親認爲看電視就是用功讀書的大敵，莫不禁止孩子看電視而不及。可是，這全看你的做法而定，如果做得好，看電視也能成爲協助孩子用功的生力軍。

一般情形都是要求孩子「電視看完就去寫功課」。可是，現在把它改成「看電視之前先寫功課」。在這裡「電視」會產生一種彷彿是釣餌的效果，在有電視可看的釣餌誘惑之下，孩子就能集中精神用功讀書。

我們常看到孩子會「死抱著電視」的表現，可見孩子對電視痴迷的程度，也證明他確實有高度的集中力，既然如此，何不把這種專心，設法轉移到用功讀書方面，即使只有短暫時間也可以。

換了應考生也是一樣。一味叫他用功，恐怕很難提得起幹勁。遇到他一時情緒受挫，不如讓他先暫停讀書的步調，在心裡多想像考試成功的種種樂趣，總會提得起幹勁再繼續用功。

但是限制看電視時間的事情，不可只是父母單方面的宣告，應該跟孩子約法三章好好溝通。此外，父母定下規則就要負責管理，堅守堡壘一步不讓，完全照彼此協定的事項實踐，經過商討後孩子兼顧電視與讀書是有可能的。

只要運用得當，漫畫也可成為「用功讀書的催化劑」

漫畫可說是孩子們的最愛，要他們切斷對漫畫的忠心眞是談何容易？

正因爲漫畫的魅力非凡，可以抓緊孩子的心。以致於用功讀書就顯得相當不具吸引力。現在有很多年輕的母親，自己也是看漫畫長大的一代。所以要孩子專心讀書、完全不看漫畫，這可眞要大費周章了。

旣然漫畫已如此普遍，與其一直敵視他，不如設法技巧活用在使孩子成長方面，這也是很好的辦法。

在我們這些蛀書蟲型的老古板看來，漫畫其實有「百害而無一利」，可是孩子卻會從漫畫中學會許多事情。譬如，即使是再難懂的漢字或辭句，一旦出現在漫畫中很快就學會了。

此外，漫畫中也有極爲出色的作品，在一格格的畫作裡展開有笑有淚的故事情節。最重要的是漫畫的意外性很大，因此，孩子很容易被那種意外性深深吸引。

說不定，孩子可以藉此養成富有創造性的個性也未可知。因而現在的父母也不要一味地把漫畫當作霉菌般排斥，要技巧地和它打交道。既然三申五令都戒除不掉看漫畫的習慣，何不鼓勵孩子「你也來畫畫看」。

須知畫漫畫也不是一件簡單的事情，從故事的構思，到眞正下筆開始畫，都需要多種能力配合。孩子開始時可能興致勃勃覺得是好玩而已，但是不久之後，就會知道用功讀書增加能力是有其必要性。

不過認眞說來，若從要傳遞高度文化這點看來，不管漫畫有多麼出色，單靠漫畫表達也不是好辦法。

最近甚至還推出像「漫畫經濟學」、「漫畫心理學」這類屬於正經八百的書籍，可是我們卻不能讓孩子完全不親近文字型的書籍。假如孩子們只看漫畫，等以後讀小說或其他作品時，書中的文字敘述就不能使他想像出情景。

爲了使孩子能早日脫離漫畫的限制，也不要硬是逼迫孩子完全不看漫畫，而是要訓練孩子有分寸，比如說，看到某個程度就對自己說「今天看到這裡就好」。然後還要進一步替孩子找來有文字敘述的書籍，藉由文子的敘述力量拓展孩子更大的想像空間。

從遊戲中學習，也是可行的讀書方式

東京有家幼稚園曾經讓孩子們觀察巴西龜，不久之後，有個孩子問；「老師，它的電池要裝在什麼地方？」臉上還一副莫名其妙的表情。現在這時代的孩子大概只有「獨角仙是百貨公司出售的商品」這種印象。無論在自然課中教授他們多少昆蟲的知識，仍然還有不少孩子，根本不存有烏龜和獨角仙是和自己同時存在生物的認識。

現代的日本小孩幾乎整個陷溺在用功讀書的浪潮中，根本沒有透過除了讀書之外的生活體驗或遊戲，去認識自然或社會的機會。因此多了許多不會爬樹的孩子，沒有捕捉過蟬的孩子來。

在英國，一般作風是學期尾聲時，暑假來臨前老師會說：「你們的課程就上到今天結束。從明天起就不要再想讀書的事，痛痛快快的大玩特玩。等到了九月，老師想看到你們被太陽曬過的臉。」

當然，誠如老師所言，孩子們根本不必擔心其他的事情。也不會被關進補習班，每天遭到模擬考、作業的苦刑重重煎熬逼迫。

「那麼做，豈不是把好不容易辛苦學來的東西都忘掉了嗎？」對日本母親來說，這是最值得擔心的一點，但是歐美的想法完全相反。他們認爲「到了暑假，腦子就該出清庫存，騰空好在開學時吸收新的知識」。還有更多的人認爲「除了學校的課程以外還有很多事情要學。所以該利用暑假這段漫長假期切身學會」。

大家都明白知識要跟生活體驗結合，才能成爲活的知識，也成爲生活面的智慧。即使在人生路途中遭遇到痛苦挫折。只要靠著眞正的生活智慧在心中建立起將來應有的形象，還是可以克服難關。這時塡鴨式得來的知識根本不能發揮作用。在一份調查結果顯示「孩子的體驗越缺乏，對自己的將來愈沒自信」。

在大自然中處處充滿生命的躍動，它的力量會使一個人不知不覺的體會出活著是件不了不起的事。從遊戲中學習，也是可行的讀書方式。可見遊戲既沒有浪費時間，也不是無謂的多此一舉。不管怎樣，至少也該讓孩子利用暑假期間，優游在大自然的懷抱中，進而體驗生命的喜悅。

母親的一句話，將給予孩子莫大的影響

記得已故弈棋高手升田幸三，回想他幼時情景，向我說出這麼一段話。「當時，我的母親聽信相命師說的話，一直對我說『你天生是大人物的命，將來一定會當上大將軍』。也許是受她的影響，我也常常信以爲眞，誤以爲什麼都沒做，無所事事也可以當上將軍。」

這就是前面說過的一種暗示效果，尤其是母親的一句話，將給予孩子莫大的影響。凡是日後成爲一流人物的人，他們的母親都會不知不覺使用這種暗示技巧影響孩子的頭腦。升田的母親可說是其中之一。

相反的，現在一般母親大多是一看到孩子考試成績不理想，就劈頭大罵孩子「腦筋太差」、「大笨蛋」。這種話絕對在禁止之列。

甚至不少人根本忘記自己從前是什麼樣子，還懷疑的問孩子「到底像誰這麼笨？」其實誰也不像，正是像那個罵人的媽媽。

也許在這些叱責孩子的母親中，也有人是因爲擔心孩子眞的是頭腦不聰明而感到不安，但是大部分的母親心底既不會也不肯由衷相信孩子眞是個大笨蛋。但是嘴巴上還是掛著傻瓜、腦筋太差等等罵人的話。像這樣反覆不停的說，孩子難免自信全失，頭腦的智力也得不到成長，最後眞的變成一個腦袋不靈光的孩子。

話說到這裡，可能各位會明瞭爲什麼母親常說的「腦筋太差」從今天起絕對禁止再說。相反的要改說「媽媽知道你很聰明，以你的智力在考試時應該可以有很好的分數。請好好加油吧！」這種方式，孩子的頭腦必定能煥然一新得到活性化。

各位如果不相信，不妨姑且以就被作者騙一次的心理試試看。試想「你的頭腦眞是太好了」、「你的頭腦眞是太差了」，這兩句話只有一字之差而已，可是結果卻有天壤之別。

如果孩子還只是小學生，他的頭腦實際上仍在成長中。所以在這段時期，父母千萬小心，不要以負面暗示使孩子的頭腦停止發育。

說出哪句話會糟蹋孩子

- 「這麽簡單還做不來。」
- 「不要只會看漫畫，要多讀點書。」
- 「不要只用功國語，要多算算數學。」
- 「媽媽會替你去道歉，下次要小心點。」
- 「爬那麽高實在好危險。」
- 「為什麽你的腦筋那麽差。」
- 「就算不懂原理，至少要把它背起來。」
- 「我好討厭像你這樣吵吵鬧鬧的孩子。」
- 「落後這麽多，非勤快點不可了。」
- 「不要多此一舉了。」

你的孩子已經不再是小嬰兒了

4

趁孩子還小就養成他學會切實守約的重要性

有許多日本人缺乏時間觀念，無論是演講會或是其他原因的聚會，在規定開始的時間全部到齊的現象難得一見。例如舉行會議，大家都認定晚十分鐘開始才是理所當然，還有人刻意遲到十分鐘出席。

如果以這種心態跟外國人交易，尤其是歐美人士，肯定要吃大虧。我有個熟人任職於一家貿易公司，有一次因洽談生意飛往英國，不料睡過頭遲了十五分鐘才赴約。結果那位英國客戶一聽我朋友是因睡過頭而遲到，馬上起身離去。害得我那位朋友大老遠從日本到英國，變成徒勞往返白忙一場。

這位英國人還說：「能不能準時起床完全是個人責任。跟一個連自己的行動都不能自律的人作交易，實在太危險。」

遵守約定的重要性，應該趁孩子還小的時候就要好好教導。尤其是定時的教育，更是絕對該在孩子年紀尚幼時就切身學會。

爲此，父母更該先以身作則切實守約。常常看到日本人對孩子的態度都是得過且過，隨口亂開空頭支票。例如，常見父母對那些在街上吵著買玩具的孩子說「以後再買」，這樣的話一聽就知道是沒有誠意要實現的承諾。

如此脫口而出應允孩子，隨後爽約忘得乾乾淨淨，孩子根本不能感受到守約的重要性。如果是這樣的空頭支票，最初就不該答應。不但失信於孩子，孩子也不能學會守約。

此外，對自己本身也應持信賞必罰的態度嚴以律己。而且與人訂約時，就要嚴格的規定自己「萬一爽約就要……」的罰則，然後切實遵守。對於孩子即使遵守一項再小的約定，也要大大的鼓勵。

千萬不要表現一付守約與否無關緊要的態度。因爲在父母本身也要律己以嚴，所以守約談何容易。可是，爲了孩子的將來，這也是應該跟孩子攜手共同遵守的事情。

性格圓滿的人出身自訪客眾多的家庭

在一屋難求的時代裡，我的家庭名符其實是幢「蝸居」，但只要故鄉的朋友到東京來，無論如何都會請到我家來住宿，和我們歡樂的共聚一堂。曾幾何時，那些朋友們開始住到旅館去，跟他們碰面的地方也改到旅館或餐廳了。

無論是住旅館，或是在餐廳用餐，在在證明日本已變得富裕，但也覺得個人主義愈發盛行，每個人都只謀求對自己有利的部分而已。假如已經過慣那樣的生活，就會懶得把客人邀請到家裡來款待。

大家都知道，在歐美盛行經常開放自宅舉辦派對的習慣。當然，孩子也是派對上的一份子，所以歐美的孩子比日本的孩子擅長交際。

邀請客人到家裡，使孩子也參與招待，對於孩子精神面的成長有非常重要的意義。最重要的是讓孩子有機會體會人的多樣性。讓孩子親眼見到家人以外眾多不同類型的人融洽相處的場面，對他們待人處事方面有相當大的好處。

歐美的派對，並不是以吃山珍海味、品嚐美酒爲目的。它是以享受會話之樂爲主。即使是小學生，也有機會從客人身上聽到聞所未聞的新鮮事。對孩子而言，這可說是比什麼都好的營養劑。

某位美國社會學家曾說「美國政、經、官界精英出自東部上流階級絕非偶然，也不是以父母的權力私相傳承」。原因就是從他們少年時代就經常參加上流階級一群人聚集的派對場合。這位社會學家指出，孩子們融入那種氣氛之後，久而久之就能具備領導者決斷力的絕對條件。

一般說來，個性圓滿者來自訪客衆多的家庭。這可能是因爲孩子從小接觸過想法性格各不相同的人們，自然而然成長爲能夠好好處理人際關係的緣故。

建議各位讀者，即使是只有在休假日才如此也好，何不邀請幾位客人到家裡試試看呢？

孩子太胖是頭腦的大敵

說也奇怪，一提起孩子的課業問題就緊張兮兮的母親，事關孩子的飲食生活卻又毫不在意，你說是不是很特殊呢？而且相反的，對於自己節食瘦身卻比一般人更加倍用心，努力營造出美姿倩影。從前的母親最重要、最關切的事，莫過於透過適當的健康管理照顧正在發育的子女，維護丈夫和孩子的強壯體格，這點不論在什麼時候應該都是不會改變才對。

這是東京某所小學六年級孩子的故事。這孩子簡直是典型的肥胖兒，身高一四六公分、體重七十公斤，胸圍一百零五公分。其實不管孩子多胖，只要他體格強壯肌肉結實，健康就不成問題。但是那孩子卻有身體虛弱的毛病，也經常向學校請假。據說飲食生活方面是驚人的暴飲暴食現象。

提起他愛好的食物，有咖哩飯、拉麵、義大利麵、漢堡……這也是每個孩子都愛吃的食物，可是接下來的點心包括三包速食麵、二包餅干，再加上每天喝將近十瓶的果汁，這不太胖才怪。更不可思議的是孩子還小並不懂，但是，應該小心注意孩子飲食狀況的母親，卻一點也不以爲意。

然而這卻不是什麼特殊的例子。令人驚訝的是，不過只是量的差異而已，現代孩子的飲食生活大都一模一樣。

衆所週知，這都是電視廣告作祟，那些廣告好像是存心要煽動孩子的慾望，接二連三推出光聽名字也不知道它是零食的新糕餅飲料。看來在孩子們之間也有時髦流行的傾向，不少情況顯示孩子若說不出某個廣告的新名詞，其他小朋友就會輕視嘲笑說：「哇！連這個都還沒吃過，眞是遜斃了！」

自從社會富裕後，人人都說這是個飽食的時代。飲食狀況的豐富已跟我們小時候難以比擬。但是在那樣的飽食時代，聽說卻出現許多營養失調，以及一跌倒就骨折的孩子。我們難道到繼續視若無睹孩子的飲食生活，放任食物豐富卻營養缺乏的現狀嗎？

使孩子感覺到凡是父母的話，都是為他好才說

我們常常看到年紀很小的孩子要賴式的坐在百貨公司玩具專櫃旁的地上，硬要大人買玩具的情景。可是如果孩子已經上小學還這樣，恐怕就有問題了。記得從前有首歌的歌詞是「是誰把我變成這樣的女人？」我也照樣學來問一句「是誰把我變成這樣的小孩？」這可能是父母從孩子的幼兒期管教就出了問題。在孩子使性子要賴時，放任他繼續這樣的行爲，孩子習慣後才有機可趁。直到上了小學的現在，要猛然矯正他任性的習慣，恐怕很難如願。

小孩子是出乎父母想像之外難纏的傢伙，比如「你這樣說我就這樣頂回去」的歪理一大堆。此外，會察言觀色的跟父母辦交涉。所以，若想運用父母權威把孩子當面壓制成功也很難如願。只能假以時日慢慢讓他明瞭事情有輕重，「有時可以任性撒嬌、有時不能強求耍賴」。

在長期性處理上有必要以冷靜態度面對，但應付眼前的耍賴撒嬌情況，應該怎

麼辦呢？最好的辦法就是讓孩子察覺出「只要聽父母的話，結果對我最有利」。

我們對事情的處理有兩種作風，一種是原則上的做法；一種是符合心意的做法，父母對孩子的任性無論在判斷上或行動上，原則上都要以善惡的基準法考量。但為了讓孩子領悟「聽父母的話對我最有利」，我們姑且把原則先放到一旁。現在改以符合心意的精打細算方式跟孩子接觸。

因為這種訴諸於心聲的情況，孩子比較容易明白，還有立即反應的敏銳度，有時非常有效。

例如，父母可以對吵著要買這買那的孩子說「如果你眞的那麼想買，那就買給你，但是我們要約定，到了生日就沒有禮物了」或是說「其實到了生日會買給你更好的生日禮物」，以這種方式跟孩子溝通。

在管教上除了靠善惡的道德基準，也要有精打細算符合孩子心意的做法，才能在短時間內收到成效，你說是嗎？

而且孩子不久之後就會長大，他的注意力會轉到這個社會上。那種任性耍賴的作為自然會減少。

有真正的知心朋友才最重要

交朋友是非常重要的一件事。但這並不是說朋友的數量越多越好。重要的是要有知心的朋友。所以光只是朋友少這點，沒有什麼值得擔心。

再說，朋友隨著成長的各個階段含意也不同。這點相信父母本身都經驗過不是嗎？

以我本身而言，回顧過去小學、中學、高校、大學的朋友交往方式都各不相同。在小學時代所交往的親密好友現在都已不再往來。但有時也會在長大成人之後例如同學會的機會相逢，又重溫舊好也有可能。

相比之下，在舊制中學同窗五年時所交往的朋友，感情就非常親近，可能那段時間是心中最值得懷念的時代。

因爲正值最艱困的青春期，在一起吃苦一起煩惱情況下的交遊關係歷久彌堅，所以有著其他時代所交往的朋友難以比擬的親密。遇到開同學會，儘管好幾年沒見面，立刻一拍即合親密異常的朋友，也是這個時期認識的。

此外，以我爲例在高校時期的朋友，也還有很多友誼持續到現在。這可能是當時處於戰爭中，對人性形成面有過深刻共同影響之故。

換了大學時代的朋友就完全不同了，這時期的朋友已是成人之間的交往，像我就是以同樣專攻心理學或是研究同一門學問等工作上的往來爲中心。還有的是踏入社會因工作關係成爲合作無間的夥伴。

諸如此類，在各個時期有各個不同的往來朋友，之後交遊的方式也各個不同，不過應該都是中學以後才眞正交上知心的好朋友。所以，孩子還在小學階段者不必過慮。

母親可以根據自己親身經驗向孩子分析，包括以下的交友方式重要性，例如什麼事都不必隱瞞的朋友、在痛苦悲傷時鼓勵諒解的朋友，以及可以一起分享快樂的朋友……等，這樣一來孩子才能交到眞正的朋友，找到知己。

管教上一些重要的生活習慣

據某所小學的家長會文宣刊物的問卷調查結果，發現他們認爲小學生最該重視的生活習慣有下列三項：

①要出去玩的目的地應淸楚告訴父母。

②不偏食。

③固定時間上床就寢、準時起床。

說起來這些都是做人最基本的生活習慣，你說呢？

我個人認爲，除了這幾項規則外，應該再多加幾點：

第一，金錢的處理要有條理。最近的孩子有比以前的孩子更多的零用錢。因爲這樣，在金錢上的處理較隨便。所以應建立孩子賺錢不易的認知，得到正當的金錢觀念。

第二，要養成愛惜物品的習慣。從前因爲大家都窮，物資極爲匱乏，所以人人珍惜物質。可是到了現代，已是豐衣足食的時代，連還能使用的東西都毫不在乎的拋棄。的確，現在也有修理不如買新的便宜的情況，但也不是全都「花錢就行」，應該要養成愛惜物品的好習慣。

第三，就是所謂「公衆道德」的教育。我覺得最近越來越多年輕人把空罐子隨手一丟，一點公德心也沒有，希望能在小學階段就能好好教導，成爲負責、有始有終的人。

第四，體貼老年人的心情。近來因爲家庭型態轉爲核心家庭式，年輕人大多成長於小家庭，身邊沒有老年人，沒有見過自己父母奉養爺爺奶奶的情況，所以心態上顯得不夠尊敬老年人。坐電車時，眼看年紀一大把的老人站在面前也不知讓座，照樣手捧著漫畫的年輕人日漸增多，眞是可嘆。許多衛道人士因不忍見這種情形繼續蔓延，於是設置「博愛座」，沒想到年輕人還是視若無睹，大模大樣的占據不讓，有鑑於此，應該從小就養成體貼老年人的習慣。

如今社會上充斥既奢侈又任性、自私自利的人。希望大家趁孩子還小就好好教育，養成能夠自我駕御自己慾望的性格，成爲體貼他人的人。

母親應多多回想自己年輕時的日子

一旦女兒開始踏入青春期，對流行時尚感興趣，身爲母親的人很難不懷疑和擔心「女兒交男朋友」。

但是根據某項研究報告顯示，國中、高中時期的女學生對流行時尚的關心度高達百分之九十三，所以幾乎所有的女學生對於流行時尚都會關心。一個正值青春期的女學生關心自己服裝打扮，應該是非常正常的事，不是嗎？

以關心流行時尚而言，大概對服裝的用心程度比較高。據說她們較關心下列四項：第一，顏色的搭配要使自己身材顯得苗條一點。第二，身上不穿太多顏色，務必給人清新素雅的印象。第三，穿戴要有整體感。第四，衣服不皺不沾污痕。這些都是年輕女學生打扮的心得。仔細看來，應該均屬一種健康的心態。

我私下懷疑，女人是不是只要當了母親，就會把自己曾經的年輕歲月忘得一乾二淨，一味追根究底、疑神疑鬼以爲女兒交了男朋友。甚至認爲自己女兒「春心蕩漾」簡直太離譜。

女生關心自己服裝打扮是理所當然的事。既然事實如此，母親務必爲女兒設身處地著想。最好使女兒在品味上有見識，即使不是高價的名牌服飾，也該穿著一些富有年輕人朝氣的乾淨衣服。

母親的責任就是引導女兒走向穿著整潔服飾的健康方向，自然的關心時髦流行。如果女兒能夠自己挑選到品味好的衣服，可以適度讚美說「媽媽也喜歡看你這麼穿」，或是說「很合身很漂亮」認可她的眼光。

相反的，如果她挑選了一件價格昂貴，卻談不上品味格調的服裝，母親也應該說出自己的意見。

像這些事情，其實也不限於孩子實際挑選的衣服。比如說，陪女兒逛街，或是一起看電視時，若看到有跟孩子同年齡的人穿著打扮，就可以利用機會跟她一起討論服裝，我想如此一來，母親對服裝的看法會漸漸傳遞給孩子。在這其間，母親也可以把自己年輕時所穿的服裝和對服裝的看法好好回味一下，並且傳遞出來。

「媽媽是這麼想，那麼你覺得怎樣呢？」

常看到有許多小學生無法說清楚自己的意見。其實不要說小學生了，有不少甚至唸大學了還不能充分表達自己的意見。以首都圈小學五～六年級的學生爲對象所做的調查結果，發現不能明白說出自己意見的孩子超過半數。

最大原因，就是缺乏可以明白說出自己意見的對象。甚至在成人中這種人也很多，因爲在日本，合群、沈默被視爲一項美德。

第二就是對某件事也許有些意見，只是那個意見連自己都沒有自信。擔心說出意見後別人的看法，於是附和別人將就一下的人也不在少數。

第三種類型算是第二種類型的延伸，也是「我提出自己的意見，不知道會不會惹別人不高興？」或是「我的風評會不會連帶變壞呢？」結果心想不說比較保險，也就閉口不說爲妙。

除此之外，又有對意見表示方式沒有自信，或是實際上表現相當笨拙。

　爲了使孩子能明白說出自己的意見，首先就要讓孩子對自己的意見有信心，爲此任何機會都不容錯過，尤其要多聽孩子的意見。

　例如，在親子一起看電視的時候，可以問孩子對節目內容的感想。如果孩子年紀還小就另當別論，但孩子若是已經唸到小學高年級，應該有相當理解能力，父母的問題都可以回答得出來。

　如果孩子不會回答，父母可以先做一個示範。像是「媽媽是這麼想……，那麼你覺得呢？」如此這般以身作則，只要媽媽示範了一個樣式，孩子立刻會有樣學樣，不久就會自己說出看法了。

　遇到那種情形，不管孩子表現得有多幼稚或笨拙，千萬不可取笑。這份自信，會成爲將來明白說出自我主張的基礎。只要對孩子的口才訓練有素，日後長大成人時，正面效果才會顯著，務必好好鍛鍊。

孩子的申訴務必照單全收

雖然日本這個國家經濟上已如此富裕，可是卻呈現出一屋難求的窘境。身爲父母想要給孩子一間自己的房間也很難如願。孩子還在唸小學時，沒有自己的房間還可以忍耐，但上了中學以後，就應該設法給他一間自己的房間。

話雖如此，當孩子來要求有間屬於自己的房間時，媽媽一定是劈頭回答：「你明知是無理要求。講了也是白講，何必再說呢？」

遇到這種情況，大多數父母都是以父母的權威當場就把孩子壓制下去。可是，這樣並不能解決問題。孩子可能因此更固執於要有自己的房間，反而凡事都對父母頂嘴、抗拒。

其實，孩子唸到小學高年級，已經能夠清楚瞭解自己的要求在現實上太過勉強。明知是無理要求還提出來，只不過是找父母訴個苦，發洩一下不滿情緒。

因此，站在父母疼愛子女的立場，不要刻意壓制，應該認眞傾聽孩子的不平不滿才好。例如可說：

「你說得很有道理，如果換作媽媽跟你在一樣的立場，可能也會說出這些話。可是你明知就算媽媽想要給你一間房間，現在也沒辦法做到。只要可以，以後一定能夠給你一間房間。」

如果以這種充分瞭解對方立場的說法，孩子也許就能接受了。孩子也只是想要父母對自己的瞭解。因此，父母應該認眞的接受孩子的意見。即使將來仍然無法做到這個請求，也要跟孩子諄諄善告解釋淸楚。

提到讀書的書房，以我本身來說，眞正擁有自己一個房間也是唸舊制高等學校，初次在外租房子時才有這機會。隨後也是要忍受非常不理想的居住環境。我覺得讀書這種事，只要自己有心用功，即使在困苦的地方也一樣可以用功。

只是在孩子的朋友之中，也許也有很多家境不錯，擁有自己房間的孩子。所以，孩子心生「想要有自己房間」的願望並沒有錯。希望母親至少要表示充分瞭解孩子心意的態度。

孩子的要求不可有求必應，也不可拒之於千里之外

前面曾經提過年幼的孩子到百貨公司玩具專櫃旁，吵著大人要買玩具，而且一直哭鬧不停的事。甚至有些孩子會躺在地上手腳亂打亂踢，硬要達到自己的要求。遇到這種情形，父母均感束手無策。既對孩子的吵鬧打擾四周人感到抱歉，也覺得管教無方而難爲情。即使媽媽們都知道這時唯有對孩子的要求不理睬才是上策，但爲了哄孩子不哭，只好俯首聽命的情況也不少。

可是，如此一來卻使孩子發現「會吵的孩子有糖吃」，哭泣可以達到目的。結果孩子學會讓父母答應要求的絕好手段就是哭泣，下次又會重施故技。他一旦知道「哭鬧就會買給我」，要求就會越來越多。

其實遇到這種狀況，周圍的人應該都要瞭解狀況，而且根本要無視孩子的哭鬧，以聲援那位左右爲難的母親。但事實上，大多數的人都是皺眉不耐的說「好吵」。

這時母親務必處理有方，否則下次又要在同樣的情況下打擾四周圍的人。最好態度要前後一致。

當務之急就是要告訴孩子不能買的正當理由，使孩子能夠接受。比如可以告訴孩子「這個玩具好貴，我要跟爸爸商量一下，等他答應了再買」，或是說「這種玩具必須等你再大一點才會玩，等明年生日的時候再來買吧！」這樣的方式。

只是這種方式須要小心的一點，就是母親不能抱著得過且過的心理哄騙孩子。我常看見電車上孩子跟母親吵著要吃零食時，母親顯然已經帶了糖果餅干，卻叱責孩子說「媽媽沒帶，不要吵了」，這簡直是公然撒謊。應該照實說「在電車上不可以吃東西，這樣不公平。現在不能給你吃，但是下車後一定會給你，先忍耐一下」，如此有條理的解釋給孩子聽，孩子一定會接受的。

不要對孩子的要求有求必應，相反的也不要完全拒絕，只要提出滿足要求的條件，讓孩子能夠好好遵守。這樣一來，孩子才能懂得父母說不行有不行的理由，然後學會忍耐。

父母最大禁忌就是把孩子過分當做幼兒對待

在父母眼中看來，就算是上了小學，尤其是剛上小學一年級的新生，其實也只不過比幼稚園稍微大一點而已，難免會把孩子當做還很小什麼都不懂，尤其是會當成幼兒般對待。可是孩子本人卻覺得生活環境已經改變，跟他在幼稚園時期已大不相同，自以為自己夠大了，不再是幼稚園的小寶寶，是個堂堂的小學生。

所以，父母最大禁忌就是把孩子過分當做幼兒對待，寧可以孩子已是夠資格一份子看待為原則。

例如分派差事給孩子做時，母親也許以為一次給孩子二件或三件的事情容易做得丟三落四。可是實際上孩子被委任二件以上差事時，儘管他年紀還小，也會小心注意避免忘記，還會斟酌事情的先後順序，考慮事情的性質判斷輕重，決定從何著手。連超市和文具店要先走哪條路都會一併考慮在內。

像這些事等於是磨練孩子的腦筋，是孩子適應社會生活的基礎訓練。

一個人本就有避難趨易的傾向，所以做慣容易做的事情，不肯向困難的問題挑戰。按照自己能力範圍，給予稍微超出範圍的難題，人才會開始絞盡腦汁努力思考，設法靠自己解決困難完成工作。

不過，給孩子明顯超過他能力所及的工作，也應該避免。因爲孩子一直遭到失敗就會喪失自信，然後凡事都吊兒郎當毫不努力。

最好的情況是提出比孩子平常能力稍微高一點的要求。不是擺明一看就知道做不來的事情，而是給他只要努力就做得來的課題，才能引起孩子的最大幹勁。

父母可以判斷孩子的能力及當時的狀況，不只二件事，甚至三件、四件都可以。也許剛開始有必要跟孩子詳細說明工作順序，但應該儘量減少說明部分，趨向讓孩子自己考量做事順序的方向較好。

當然，孩子只要有好的表現就該好好誇獎。

面對孩子的疑問回答不出時，明白告訴孩子「不知道」，孩子會肯定父母的勇氣而得到成長

我認爲一位美籍教授，他被公認是他專長的部門的權威，爲一知名的教授。可是有一次，當他在講課卻回答不出一位藉藉無名的學生所提出的問題時，他竟坦白承認說「I don't know」。看到這種情景，我可以明確感受到一位偉大學者確實不同凡響的風範，而且衷心欽佩。這位著名的教授面對回答不出的疑問時，毫不敷衍就坦率回答「我不懂」。

孩子可說是疑問的化身。尤其是幼兒最愛連著問「爲什麼……」「如何……」。

對孩子來說，關於自己周遭的一切都是謎，也是新鮮的驚喜。這一切出自主動的好奇心所發出的純粹疑問，是所有學問的原點，同時也是對人生產生積極性的泉源。所以，如何回答孩子的疑問是教育的第一步，一點也不爲過。

可是隨著孩子漸漸長大，父母也許開始無法簡單回答孩子的問題。當父母正暗自竊喜孩子「研究科學的精神萌芽了」或是「對人生積極面的表現」時，『令人困惑的疑問』相對也增加了。有些問題尖銳至一針見血的問到父母知識或常識的盲點。例如孩子問「人爲什麼會死？」你能夠三言兩語簡單地回答出來嗎？

遇到這種情形，大人很難坦白地回答「我不知道」、或是「不要問那麼多」。假如以父母的威嚴假裝知道，甚至生氣說「那樣的事不重要」而加以抹殺，對孩子的成長有負面影響。

然而這時應該像我認識的那位教授一樣，對於不明白的事情坦率的回答「我不知道那樣的事」。這回答其實無損父母的威嚴。相反的會使孩子瞭解這世界還有很多連大人也不知道的事情，自己也有機會發現疑問的答案。同時，還會學到對於不懂的事不該敷衍了事，或是不懂裝懂。

父母對於自己不知道或不懂的事情，也可以跟孩子說「我們一起查查看」，然後和孩子共同查閱百科全書找正確答案。不管孩子發出的疑問如何，你誠實回答的勇氣，都會使孩子得到成長。

電話可做為實物教育之一

我有一個朋友，他都是用硬紙板寫上親戚朋友的電話號碼，而且故意把字寫得很大，然後放在電話機旁。也就是凡在這紙上出現的名字都是經常有電話往來機會的親友，而且每次當他有事要和對方聯絡，就會叫來今年五歲的兒子說：「喂，小明，你來打電話給田中叔叔。」

結果孩子就會喜出望外飛也似的跑來轉動鍵盤。等到順利接上線，對方開始聽電話時，他就露出得意洋洋的表情，高興極了。

五歲左右的孩子，通常對電話充滿無限興趣，常把它當做玩具般玩耍。可是電話畢竟不是孩子的玩具，也許有許多母親都經歷過孩子把聽筒當玩具拿起來把玩卻不掛回，然後電信局就會發出蜂鳴器的警告聲，實在傷透腦筋。

那種情形的處理辦法，我這位朋友的方式可說相當高明。他並沒有一味禁止孩子去玩心所嚮往的電話，寧可立下規則，公然讓孩子玩得不亦樂乎，還間接替你服務。這個孩子經由撥號的動作還順便記下數字。不僅如此，又進行使用指尖的訓練，以及透過撥鍵盤動作學習記憶數字的訓練，等於在不知不覺中學習各種事情。再加上還有幫忙父親的成就感，難怪孩子得意滿面。

因爲這種方式，這個孩子絕不會無謂地把玩電話。所以儘量利用生活上各種機會，也不限是電話，給孩子進行實物訓練，豈不是更重要？

在美國有些幼稚園會安排讓園生自由碰觸生活中實物的課程，例如榨汁機、菜刀等。換了在日本這個國家，大多數的人馬上會擔心孩子可能會弄壞機器，也怕孩子受傷，絕不可能把這些東西放在幼稚園裡讓孩子自由操作。

其實，這是大人的過分擔心。那所幼稚園的工作人員也說「孩子能夠技巧使用機器，也會很愼重」。我認爲這也是一種技巧，運用孩子想做某事的心理，算是一種實物教育。

最近每個家庭都增加個人電腦的使用機率。萬一孩子表示對電腦有興趣，不妨就此敎他使用方法，你看如何？

培養孩子健全的金錢觀念

據東海銀行的調查結果發現，小孩子一年的平均收入包括壓歲錢和零用錢，小學生是日幣四萬二千元，中學生是六萬八千元，高校生是十五萬零一千元。又發現「其中有九成以上都存起來」，可見在那方面看來，孩子的金錢觀念極爲健全。不過，因爲這是銀行所做的調查，所以結果應該要打點折扣。

銷售給孩子需要的商品可說是愈來愈貴了。例如，一件電腦軟體的價格就要好幾千元。因此孩子才會要求更多的壓歲錢。

可能有很多人爲了到底要給孩子多少錢，而感到迷惘。有些人則是孩子跟他要多少就給多少，還有給孩子數額多得離譜的壓歲錢，但我認爲這些都絕非良策。

以我看來，壓歲錢適當的金額在幼稚園是日幣五百元，小學低年級學生是日幣一千元，高年級學生是日幣三千元，中學生是日幣五千元，高校生則是日幣一萬元。說不定孩子拿到這樣的金錢，臉上表情可能不太高興。

可是人類的慾望總是貪得無厭的，想要得到的東西會越來越多。身邊只要有錢，他的物質慾望會愈發高漲。屆時，只怕再多的金錢也不夠揮霍。因此，站在培養孩子健全金錢觀念的意義上，孩子的壓歲錢和零用錢的數額該踩個煞車，以一定限度爲準。

要控制孩子手邊金錢的數額，父母最感到束手無策的情況，也許就是自己的孩子跟朋友互相比較金錢。如果孩子埋怨說「人家小明的零用錢都是一萬元日幣」，可能父母一聽到這種話，就好像被催眠似的猛給孩子加零用錢。可是父母要知道，這是孩子控制你的圈套，千萬不要受騙上當。

因爲每個家庭狀況不同，關於零用錢的金額多寡，務必堅持自己的答案，千萬不要答應對手的要求，迷迷糊糊給了超過定量的數額。

再說，單靠壓歲錢去買高價的物品，也無法養成孩子健全的經濟觀念。不如教他養成平日節省零用錢再買他需要東西的好習慣，這樣不是比較重要嗎？如果沒有教他勤儉的重要，等到長大成人後，信用卡刷爆破產時才發現不對，後悔就來不及了。千萬不可以壓歲錢或零用錢的金額，做爲親子間討價還價的籌碼，務必將金錢的給與，鎖定於培養孩子良好的金錢觀念才可以。

乾脆規定夜晚是屬於大人的時間，才能儘早使孩子精神面斷奶

自古以來，一般日本人對於孩子單獨睡的觀念並不堅持，有很多家庭都是「親子三人睡成川字型」。

可是隨著後來住宅狀況慢慢改變，開始也接近歐美的思考方式，於是有「父母和子女分開單獨睡」想法的父母自然增加許多。我也極為贊成那樣的想法，我覺得到了晚上孩子還是應該自己睡比較好。

在歐美人的觀念裡，覺得夜晚是屬於「大人的時間」，許多人更是清楚地跟孩子的生活劃清界限。

因此，除非有重大事故，否則父母絕不會為了子女在夜晚起床。相比之下，日本的父母簡直是二十四小時營業的便利商店，固然滿足了孩子，卻也大幅度犧牲父母自己的生活，似乎持有「在夜晚也要為孩子奉獻照料，是做父母的責任」這種想法的人也很多。

雖然最近這種想法有減少的現象，而且實行與否另當別論，不過在想法上認爲應該二十四小時緊跟在孩子身邊的父母確實大有人在。只是這種二十四小時營業地照顧孩子，負面的影響就是延遲孩子精神面斷奶的時間。

也許這麼說來太過冷淡，可是如果認定夜晚是屬於大人的時間，至於孩子則養成到了一定時間就一個人自己去睡覺的習慣比較好。

我個人常應邀到歐美人士的家裡作客，而且多半是夜晚前去。那家裡有年紀相當小的孩子，但只要到了家裡規定的就寢時間，孩子就自動一個人去睡覺，管教相當得宜。

作父母的只要到孩子的卧房看看，然後跟孩子吻別說晚安。直到第二天早晨再見面。

可以開始一個人睡的標準是「孩子能夠自行上廁所」。至於不能夠一個人睡的孩子，父母也不要繼續在一旁陪到他入睡爲止，比如說，可以跟孩子約法三章，也許是講個故事，或是唱首催眠曲，使孩子的心能夠穩定之後，再靜靜離開卧室。孩子或多或少會感到寂寞，但這也是必經的過程。

應該教育孩子擁有對大自然的愛

我在唸國小時並不習慣採集昆蟲。雖然這是課業的一部分，但我總覺得不應該屠殺昆蟲。據小學教師所言，在暑假時出的家庭作業，可以在採集昆蟲或押花中任選一種，結果學生選擇押花壓倒性居多。

「老實說，大部份的學生都不愛殘殺昆蟲。」老師這麼說著。

在歐洲餐館常見到店頭陳列生牛頭，以示新鮮。換了東方人看了那樣的情景，可能就食不下嚥，但是當地的人卻毫不在乎的照樣吃喝。甚至還有人認爲這樣才有食慾。

我絕不是個強調民族主義或素食主義的人，不過我眞的認爲東方人這種敬天愛惜自然的心，應該設法保留下去。只要從小教育孩子大自然之愛，對於校園暴力及「大欺小」欺壓學生的事情應可消彌。因爲東方人天生富有善良溫和的本性，容易培育孩子愛惜自然的心思來。

日本人更是把愛惜大自然的心思引進生活，產生了把山川自然的美景巧妙揉和進庭院的一部分，稱之爲「借景之庭」。在京都就出現很多像這樣的借景之庭。例如位於天龍寺的庭園曹源池，就是從嵐山和小倉山借景而來的傑作。此外像圓通寺的庭園，是遠自比叡山借景而著名於世，後來比叡山出現空中纜車後，結果眺望庭園的景色就大爲受損了。

根據從事園藝趣味的人所說，一般設計假山配流水的庭園，是比不上雜木林立的庭園更具有「純粹」風味。所謂「純粹」，指的是使芒草隨意滋生如野草般的庭園，才是最奢侈的庭園。

當然，這是表示東西方對自然觀不同的例子之一。因爲歐美與東方基本上涉及大自然的方式根本不同。

直接了當地說，歐美人違逆自然，還企圖克服自然，但東方人卻正好相反。我們一向順應自然。希望與大自然產生休戚相關和平共處的想法，從那種自然觀產生了「恬靜」「寂靜」等東方獨特的風雅世界。

也有人認爲那是宗教上基督教和佛教的不同。姑且不提那些難懂的想法，我還是認爲東方人最優秀的地方，就是愛惜自然，對生物和人類都同樣有感情。

讓孩子缺錢用也是重要的教育

某家學習圖書出版社，以東京內中學三年級學生爲對象作問卷調查，「萬一同學要求借錢，你願意借多少給他？」結果回答一千元～二千元日幣的學生有百分之十六，二千元以上日幣的有百分之十五，三千元日幣的有百分之九。

可見孩子之間金錢往來，如果在二千～三千元日幣左右的金額已是極爲平常的事。一般金額不大的日常性借貸應該不成問題，但是最有問題的，可能受到同伴中壞朋友的要脅，被迫把「錢借出去」，或是被「威脅借走」的情況。

這類情況在中學已發生多起，常見一群不良少年向個性懦弱的孩子要求借錢，借不到就出言威脅說「要給他好看」。於是那個懦弱的孩子心生恐懼，會連家裡的錢都偷出來借給他們，而且還不敢要求還錢。這就是成爲現代教育問題之一的「大欺小」一種，長此以往會升級爲犯罪。

孩子到底有沒有產生類似的困境，只要父母小心觀察，必定可以看得出來。例如，最初孩子會要求二萬或三萬元日幣的金錢。如果父母不答應，就像狗急跳牆似的從父母的錢包中偷錢來籌措。

因此，孩子如果開口跟你要一筆用途不明的金錢，或是藉口要借錢給朋友但數目龐大時，父母就要特別注意。只要仔細留心這筆鉅款的動向，大致猜得出是否為不健全的金錢借貸。

我認為在中學生的日常生活裡，也應好好培育他應有的金錢觀念，這是相當重要的一件事。

最近的父母們也有給孩子數額多得離譜的零用錢，或是根據「我信得過自己的孩子」這種理由，讓孩子自由經手錢財。作者本身絕對不贊成這種沒有分寸的作風。我認為孩子即使有什麼東西很想買，或是偶而缺錢用時，教導孩子忍耐的性格也是重要的教育。

只要對金錢基本管教得當，孩子處理借貸方面的問題才會有條理。而後才會出現所謂孩子值得信賴的狀況。

利用星期假日積極與朋友聯誼

近來孩子上補習班的情況愈演愈熾。而另一方面，孩子在學校的交友關係卻越形淡薄。根據日本家教中心學院的調查，發現準備應考私立中學的小學六年級學生中，有四成以上一週要進補習班五次，結果認爲自己「不再跟同學交往頻繁」的孩子佔百分之四十七，認爲「根本沒時間讀課外書籍」的孩子佔百分之三十六。

針對現實問題來看，應考明星學校的競爭熱度已到白熱化過程。孩子爲克服這層難關，當然非惡補不可也是不爭的事實。

假如孩子忙著天天上補習班，當然很難在放學後跟朋友進行交誼。那是說責任並不在孩子身上。因爲周遭的孩子大都忙著進補習班，所以使學校這方面的交友關係漸趨淡薄。

那麼，有關友誼的問題該如何解決呢？

方法之一就是暫時把朋友擱到一旁涼快。根本放棄在準備應考期間的友誼關係。可是，這樣的想法還是有很大的問題。因爲現在會想「在小學六年級時要準備考試，就特別一點，暫時不要和朋友來往好了」，那麼不久進了中學又會發生「爲了準備高中考試再度擱置友誼」的現象。然後還有大學考試，人生歲月久久無法盡如人意的交到好朋友，眞是莫大損失。

現在，告訴你一個更好的方法，就是讓孩子利用星期假日積極的聯絡友誼。小學時代的交友關係，本來就是多以遊戲爲中心。

在解脫用功讀書的壓力含意上，遇到假日就多和同學一起出去玩。假如玩也玩不好，至少也應該要有用功的同伴。只要有不上補習班的時候，兩個相同志願的孩子可以聯手讀書，一起用功。關於這點，對方孩子的父母可能也有類似的苦惱，也許意外促成兩個家庭成爲莫逆之交。

換了不是小學六年級學生的情況，孩子還只是三年級的學生，如果上補習班會破壞他和同學之間的關係，那麼父母也許就該重估補習的價値。因爲還在安全階段就每天上補習班進行塡鴨式教育，對孩子身心是很不妥當。假如可以避免因爲準備去補習班而損及友誼，還是儘量避免的好。

孩子之間的爭吵，在精神發達方面扮演極重要角色

有一次我接到一件輔導案件，內容是：「我家有一對四歲的雙胞胎，但兄弟倆一見面就吵架。要如何制止呢？」

手足之間即使不是雙胞胎，也會存在兄弟吵架這種深刻的問題。類似這樣的問題豈能輕易解決。幾乎每個家庭的兄弟都會吵架，尤其是年齡越相近愈會爭吵。更何況雙胞胎是同年同月同日生，吵架是在所難免的。

關於吵架這種事，大多因爲每個人都有自己的欲求，當別人欲求跟自己的意願有利害衝突才引起爭端，正是由於年紀相仿的孩子總有相似的欲求，所以很難避免發生衝突。再說，兄弟之間也沒什麼好客氣的，才四歲而已的娃娃，根本不懂相讓，吵架是必然的。

在成人的世界，吵架的行爲是令人不敢恭維的。因此大人會以自己的標準去認定吵架意義，覺得吵架是壞的，只有可恥的人才會跟別人吵架。可是吵架對孩子來

說，在精神發達方面也扮演極重要角色。乍看之下，孩子們是沒頭沒腦、動不動就吵，其實孩子本身也按各自年齡設法找出解決方案。

所以對孩子來說，吵架可說是最好的頭腦訓練場，同時也是人際關係的演練場。可見孩子在吵架時，有時會挨打痛得哇哇叫，有時停戰和好，從中學習慢慢成長。大人不要一味勸架或禁止孩子再吵下去。也許會因此而奪走孩子好不容易的成長機會。

遇到吵架可能會發生危險時，父母無論如何都要插手干預。雖然四歲左右的孩子可能無力給對方致命的一擊，但事情總有出人意料的發展。所以父母務必在一旁有意無意的守護，保障孩子免受危險。

作者也經常跟自己年紀相近的哥哥吵架。但那樣的爭吵，頂多是在小學時代，上了中學就自然不吵了。可是我發現愈是在吵嘴中長大的兄弟，成人之後感情愈親密。

一本正經用功的孩子其實很危險

前御茶水女子大學教授，也是幼兒教育權威的平井信義先生，在某本雜誌上曾經這麼寫著：

「每天只要聽到父母誇獎自己的孩子非常聽話、又很認真學習，我的心裡就會掠過一陣顫慄不安。因爲眞正的好孩子表現出來的樣子，絕不是他們說的那樣，那樣的孩子只是戴上一層假面具。假如父母師長都不能具有看透的眼光，那是非常危險的。」

雖然他這番話可能過於言重，但事實上，發現有問題要找心理專家輔導的孩子，有很多都是「從小就非常認眞、很乖的孩子」那種類型居多。特別是心理學家公認「沒有經過反抗期，一向容易教育的乖乖牌，更具危險性」。

曾經有個母親說：「我家的孩子一直在用功讀書，我好希望他也能稍微到外面去跟別的孩子一樣活潑地玩，那該有多好！」這樣的話聽在其他媽媽的耳朵裡，眞是打從心底羨慕。因爲大部分的母親，都在爲孩子不愛用功煩惱，拼命要孩子用功讀書卻無效。

可是，才不過三年級的小學生，如果父母放任不管，他能自動自發用功讀書的孩子，整體而言就有點不一樣。可能這就是他的母親擔心的地方。

一個孩子在他成長的過程中，必定會經過反抗期，讓父母疲於應付。此外，那些須要在父母說「快用功」的口頭禪中長大，以免玩瘋了頭的孩子，才是眞正正常的必經之路。

因此，平井先生才會擔心認眞用功的孩子，其實算是很危險的。也不是對那些努力讀書的用功者潑冷水，但是對於只會認眞讀書的孩子來說，偶而也該讓他稍微散散心，輕鬆一下。例如星期日時帶他去郊遊，或是讓爸爸陪他投球，再不就到戶外玩些活動筋骨的遊戲。

此外，這段時期跟朋友的交往也很重要。也許在家開個慶生派對，使孩子的注意焦點轉向朋友方面。

孩子的書房是神聖的場所

根據某家電氣廠商調查，發現一個家中擁有兩台以上電視的比率佔百分之八十三。一般家庭的第一台電視都在起居間，但寢室也擺置電視的家庭佔百分之四十之多。竟有百分之二十六的家庭連孩子的房間也放電視。也就是說實際狀況是每四家有一家的比率，連孩子的房間也有電視。

很多父母面對孩子要求在自己房裡擺放電視，而感到不知如何是好。父母考慮的是在孩子讀書的地方佈置電視，究竟對孩子的課業有沒有影響？

現在假定，電視對孩子用功讀書有妨礙的作用，那麼四個人中有一個根本不能專心用功。可是事實卻不一定如上所說。例如，放部電視在孩子的房間，會立刻對課業成績起負面影響，恐怕未必如此。只要孩子特別能夠管理自己，那麼就沒有其他的問題了。

作者本身也在書房裡放部電視。當然，我有很多工作要做，根本沒時間看電視看得入迷。我只是在讀書或工作疲倦的時候，藉著看一會兒電視來轉換心情，就是這樣有效活用電視的功能。

只是話雖如此，電視還是有他驚人的魅力，一不小心就會被它吸引而忘了時間，我本身也有過這種經驗。更何況是定力不夠的小學生或中學生，怎能好好自我管理、有效活用電視呢？

因此，依我之見對於孩子要買電視的要求，仍不可率爾答應。你可以說想看電視就去客廳看。

當然，孩子還會一而再，再而三的懇求，多方設法要你答應，但是你何不說「等你長大，能夠自己生活時要怎樣都隨你便」，或是說「等你考上大學再買」。至少絕不可輕易妥協答應。

因爲電視引起的後遺症太多，所以除非是性格特別堅毅的孩子，可以把電視放在書房，否則應該是會妨礙課業的。因此，務必向孩子灌輸書房是神聖的場所，至少在中學以前都該如此認爲。

將惡作劇轉化為好奇心，成為使孩子成長的素材

據說新力公司的創始者井深大先生年幼時，以有一次把父親的時鐘都拆解開而聞名。

近來增加許多應用高科技的玩具，如果拆開來看，裡面可能安裝的是連大人也不甚了解的東西。可是仔細研究玩具內部，確實可以發現具有某些意義。孩子雖然年紀還小，可是在他的心中或許也有許多有趣的發現。單靠那點拆解玩具或者提供充分的精神食糧。

對於經常把玩具玩壞的孩子，父母何不改想：「小孩的玩具就是給他『破壞』的東西。」轉變對事的看法。

此外，如果孩子有抓蜻蜓或蚱蜢掐掉脖子，或是分離肢體的行爲，母親看到這種情況，可能有時會大聲呵叱，或是慌亂得不知所措，在心裡擔心孩子「是不是個性殘虐。將來會不會變成一個隨便就打傷人，或是毫不在乎就殺人的凶手呢？」可

是，認眞說來，那現象並不值得擔心。

因爲那些現象出自孩子的好奇心，有時是因爲孩子很想看看蚱蜢體內的情形，或是想知道拆掉蜻蜓翅膀之後會變成怎樣，所以才要實地試試看。當遇到這種情況時不須慌張，可以先把孩子帶到一旁慢慢告訴他動物生命的可貴，並且讓孩子溫柔地埋葬這些失去生命的小昆蟲，最後再教導孩子尊重生命的道理。

無論如何，由於孩子簡直是好奇心的化身，幾乎沒有什麼做不來。父母應該冷靜觀察孩子的成長，把孩子的好奇心當做促使他成長的素材。

即使孩子可能使用暴力，時而敲打或毫無目的發脾氣的破壞這、破壞那，也應避免用叱罵的方式摘取了好奇心的萌芽。因爲在孩子情緒失控的破壞東西時，孩子本身已經受到傷害。

遇到這種情形，該責備的只是不應把自己的不滿發洩在東西上，但也不是只在嘴上罵罵，最好能把孩子的注意轉到他有興趣的方面，例如，問他「裡面到底是怎樣的情形？」如此，孩子才沒白白破壞玩具，又可將惡作劇轉爲好奇心，充當促使孩子成長的素材。

說出哪句話會糟蹋孩子

- 「不許失敗。」
- 「喏！你看。我說得沒錯吧！」
- 「每個月的學費和補習費好貴，你就加加油吧！」
- 「不可以玩那麽危險的遊戲。」
- 「○○，那種有位子你快去坐下。」
- 「下次再這樣我就不饒你。」
- 「我小的時候好會玩這個。」
- 「那樣做法是錯的。你再好好想一想。」
- 「那種下三濫的唱片，趕快關掉。」
- 「你最好老實點。」

5

如何避免人家閒言閒語說「有其父必有其子」

日本電車上的「兒童座」有礙孩子身心成長

某個星期日的黃昏，我跟一位美籍大學教授準備搭乘電車，就在月台上排隊等候電車。我們看到很多玩了一天要回家的家庭或年輕情侶，使月台擁擠不堪，還好大家都遵從站長指示，井然有序的排成三列。

我身邊的這位美籍教授看了，不禁恭維一句果然還是日本人最有秩序，但後續狀況卻慘不忍睹。當電車駛入月台，車門甫開，只見小孩從隊伍中迅速脫穎而出滑進車內，然後大踏步的占據座位。原來那個座位是「博愛座」。排在隊伍最後面的父母緩緩上車後，就大大方方的坐在孩子爲他們占好的位子，還互相露出一付「幹得好」的表情

到了下一站，一位老年人上車，可是沒有人肯讓座。那位美籍教授在一旁看不過去，就提醒坐在博愛座上的孩子應該要讓座。不料坐在他旁邊的父親馬上起立，把座位讓給老先生。看來似乎是日本電車上，專門設有爲疲倦的孩子優先保

留專位的樣子。

這位算是日本通的美籍教授，把這付光景看在眼裡，於是諷刺說「原來日本的電車還設有『小孩座』」。因爲美國這個國家確立的規則就是孩子在電車或巴士上必須站立無座，當這位美籍教授看到父親替兒子起立讓座的情況，只覺得萬分不可思議。

當我們正在交談時，車子又抵達下個車站，這回上來一隊穿著少棒制服的孩子。他們又是紛紛占領確保席位之後，另有一名看來是教練的人上車，一坐下就蹺起二郎腿。美籍教授看了不禁憤慨地說：

「看看他們的坐姿，何必還要運動來多此一舉呢？嚴格的訓練和管教目的是什麼？坐在那裡蹺著二郎腿的教練，怎麼有資格教導這群少年呢？」

對於這個需要鍛鍊身心的年代，我也認爲目前日本的孩子未免過於嬌縱。

我看不懂是日本的電車設有『小孩座』，其他無論是家庭或是學校到處都有。那樣的『小孩座』不但奪走好不容易可以訓練孩子的機會，也有礙孩子身心的成長。

「為了下一代的教育，請勿隨手亂丟煙蒂」

日本的香煙包裝紙上都印有「爲了您的健康，香煙少吸爲宜」這句話。我的朋友可說是老煙槍了，他說隨便在包裝紙上印幾句話，妄想大家看了之後爲戒煙煞費苦心，那是一點也沒有用的，話雖是這麼說，但他卻一付耿耿於懷的樣子。

在我看來，同樣是要提醒大家注意，何不印上「爲了下一代的教育，請勿隨手亂丟煙蒂」的字樣。因爲我覺得街道如果到處都有隨手亂丟的煙蒂，不但有礙市容觀瞻，也給孩子的教育帶來非常惡劣的影響。

因爲工作的關係，我時常到世界各地去旅行，可是我發現在火車上用餐後留下一遢糊塗爛攤子，嘴巴一抹就走的民族，只有日本人。

手上提著〇〇七皮箱，乍看之下彷彿是實業家的紳士，吃過飯盒喝完啤酒，就隨手把空的飯盒或啤酒罐塞在座位底下，我常抱著希望他會在下車時拿去丟在垃圾筒，可是卻常常看到那人一點也不在乎的下車。

不只是列車上的情景。走在街上，像這樣糊塗的「混帳者」也隨處可見。也許是一位年老的紳士，啪的一聲擤個鼻涕，然後把衛生紙就隨手丟在路旁，看到這種事，心裡滿是不愉快，想問一句：「你到底以爲誰會來收拾善後啊？」

當然，他可能知道絕對有人會來收拾，所以就明知故犯亂丟衛生紙。這充分證明他對收拾善後的人缺乏體貼與尊敬的心理。

我再次強調自己絕非衛道之士，向各位強迫推銷所謂的道德心與公德心。可是那些讓別人來替你收拾喝過的果汁或啤酒空罐，卻毫不在乎的成人，到底有沒有資格提醒別人「要有禮貌」、「要守規矩」呢？這麼一來，豈不是要四處張貼「不要隨手亂丟空的啤酒罐」及「不要隨手亂丟衛生紙」的海報了。

我覺得孩子們將來需要的是一個即使沒有張貼「禁止」的標誌，也能人人有禮、守規則的社會，你說是嗎？

跟狡猾的孩子「週旋」的方法

當我小的時候，家父曾帶我到千葉縣的海灘。當時目的地是到隔鄰的市鎮逛街購物，年幼的我走累了，一會兒就賴在路旁，一會兒向爸爸撒嬌要揹。凡是作父母的都有過被疲倦孩子吵著要抱的經驗。

可是遇到這種情況，父親卻決定不拉我一把，他只是暫時停下腳步，等我再站起來才繼續走。不久之後，我就領悟非得靠著自己的腳走回家不可的事實，所以雖然很痛苦還是苦撐下去，企圖使自己不負爸爸所望，漸漸的腳可以習慣走路，也就能夠毫不在意的走路，如今回想，這就是父親的一種教育方式。

眼看孩子累得走不動，「硬要他走」看起來也許有點殘忍。可是反過來立刻應孩子的要求或揹或抱，孩子很可能恃寵而驕、懶惰成性，既不能培育孩子的體力，也會使孩子沒精神。再說孩子只要稍事休息，馬上就會恢復體力。而且，孩子若是醒悟不管再怎麼撒嬌，父親都不會答應要求，孩子就只好靠著自己的腳一步步走下去。可見父母這一點點轉彎抹角的方法，隨時可養育孩子或好或壞的一面。

凡是人類面對困難時有三種對處的態度。

第一種就是自己獨立面對，以自己的力量克服困難。

第二種，靜待他人幫助解決。

第三種，把命運委諸上天，抱著「船到橋頭自然直」的態度。

當然，後二者的態度其實和恃寵而驕環環相扣，但是不知爲什麼最近增加許多遇到困難就依賴他人，以及不肯努力只寄望命運安排的年輕人。

我看這些孩子還小時，父親管教方式出了問題。尤其是獨生子的家庭，或是排行是老么的情況，因爲溺愛過度，不少人立刻養成要揹、要抱的習慣。由於孩子都是聰明又狡猾的，所以一旦食髓知味，下次遇到相同局面又要揹要抱，不能善罷干休。

這一來孩子能夠自立嗎?爲養成孩子長大後，能夠靠著自己的腳走下去，千萬不能寵壞孩子揹起來。再說，那才是眞正爲孩子著想的作法。

孩子脫離書本的比例，和父母脫離書本的比例成正比

常聽說最近的孩子大幅度的脫離書本，但依我看來，未必盡然。因爲小學生中，喜歡書本，而且拚命唸書的大有人在。我覺得，孩子受到養育環境莫大的影響。

所以基本上當務之急要讓孩子喜歡讀書，還是需要營造出良好環境。爲建立那樣的環境，從小就要讓孩子親近書本。在幼稚園時代，媽媽就要爲孩子購買許多畫冊，跟孩子一起親子共讀，孩子一定可以喜歡上書本。

第二，在孩子四週準備齊全對他可能有興趣的書籍。現在孩子對什麼事情最有興趣，從他每天跟你的談話中自然可以聽出端倪。然後再從話題中挑選出可能會出現的主題書，選擇適合他年齡的書籍。

因爲是他所感興趣的事，孩子必定愛不釋手。

所以父母什麼話也不必說，孩子也自然進入書本的世界。就算書中或多或少出

現孩子感到困難之處，只要自己有興趣，孩子也會自動自發唸下去。

只要看到孩子自動唸書，媽媽就要大加誇獎，孩子也會更快樂的讀下去。偶而父母再問上一句「到底書裡寫的是什麼？」孩子就會拚命把書讀完，再得意洋洋的講解。

第三，父母本身喜愛讀書，成爲愛書人是比什麼都重要的事。因爲只有飄散出書香的家庭環境，孩子才會養成愛讀書是理所當然之事，隨手就拿起書、親近書。還會對父母讀的書感興趣，即使漢字太難看不懂，也會隨手翻閱。

父母應準備好百科全書或圖鑑等工具書參考，萬一遇到自己不懂，或是有疑問的地方就立刻查閱。孩子如果提出什麼疑問，也不要敷衍兩句，要跟孩子一起尋找解答，孩子一定會喜歡書本。這樣的教育愈早愈好。只要小學二年級學生，就有基本閱讀能力，所以應儘早爲孩子準備良好的讀書環境。

親子之間當然有「代溝」的距離

孩子上了中學，就開始走入難纏的一段時期。原因之一可能是孩子步入青春期，短時間內個性變得沈默內向，跟周遭的溝通突然中斷。據說這時候的孩子固定只說三句話「飯」、「錢」、「吵死了」。

反過來看那個不停指責他的父親所說的話也極乏善可陳，正如教育評論家矢部壽男先生在著書中所說的一樣「我父親在這一個月中說過的話，沒有超過這三句：『好小子』、『還好吧』、『多用功』三句對三句」，豈能沒有代溝？看不透兒子的心，當然覺得他難纏。

如果覺得自己的孩子難纏的人，參考一般調查結果也是一種方法。以下便是簡單的幾項調查結果。

若問孩子「最尊敬的人？」會說雙親的人佔多數。根據宮城縣某所中學學生為調查對象，結果發現最尊敬的人是父親者佔百分之二十一，母親是百分之十四，沒有尊敬的人是百分之十五，依序還有朋友、前輩、兄弟姊妹等，老師殿後。

其次生活目標榜首是「每天快樂過日子」。回答「現在能讓我埋首其中的事」有百分之五十九，回答「沒有」佔百分之十二。回答「不知道」的孩子佔百分之三十。對於校園暴力產生的原因，答覆是「老師不公平，老是偏心一部分的學生」、「家裡缺乏管教」。

最近的孩子在心態上變化很快，有時差個二、三年，彼此之間就差得很多。喜歡的偶像不同，所看的電視節目也不同。甚至得到的資訊也不同。

手足尚且如此，更何況是親子之間歲代的差距，也可能有決定性的差異出現。如果彼此沒有充分溝通，哪能了解對方的心意。就算是血濃於水的親子關係，歲代的距離也是無法縮短，所以身爲新新人類的父母應該看開點，乾脆認定「最近的孩子本就如此」，也許會好過些。

可是無論如何，父母還是要充滿自信和孩子週旋下去。

孩子離不開父母，父親也要負責任

遇到孩子不聽話時，日本母親常使用「威脅的辭句」說：「好吧！媽媽再也不理你了。你就一個人呆在那裡。天很快就會黑了，魔鬼馬上就要出來了。」在從前也有「壞人要來抓你了」等等恐嚇性質的話。

這些話早已成爲一種相當有效的嚇人模式，孩子只要心裡一怕，就會大叫「媽媽」向母親求助。母親一看恐嚇成功就十分滿足，下個步驟就安慰孩子說：「好吧！你就乖乖聽媽媽的話，只要握緊媽媽的手就不怕了。」

諸如此類的表現。據一位我所認識的美籍心理學家指出，這樣的威脅，其實正是代表不願孩子離開自己身邊的母親心理。他繼續又與美國的母親所說的話比較。

「換了是美國的母親就不會說出那樣的話。相反的，她會冷靜理智地告訴孩子『即使是黑暗的地方，也絕不可怕。世界根本沒有什麼魔鬼。不管爸爸媽媽在不在，你也敢一個人去黑暗的地方，因爲你是個勇敢堅強的孩子。』那樣的話，是寧可孩子脫離母親的懷抱，讓他獨立自主。」

如此說來，美國的母親是希望孩子能早日獨立離開母親的身邊，所以在孩子還小的時候就拚命鼓勵他自主的可能，以便養成自立的孩子。也許，正如那位心理學家所指出的一樣，日本的母親之所以嚇唬孩子，其實是害怕孩子會脫離母親呵護的心理起作用。

這種心態上的不同也許是民族性差異，但我個人認爲，日本的父親也應該負一半的責任。

在日本，育兒是母親的責任，已經是不成文的默契。雖然現代夫妻會說：「教育孩子是二個人共同的責任。」可是等孩子出生後，父親往往藉口工作太忙，還是把養兒育女的責任推給母親承擔。既然育兒是母親的責任，母親不得不加強和孩子的關係，這無形中也塑造日本母親不願孩子長大離去的心理。

所以，只要父親也參加育兒的行列，至少母親與孩子的關係不會像過去日本傳統那樣難分難離。

父母應努力縮短與孩子之間的距離

我記得從前所謂的名主持人到鄉下地方去主持節目，必定先打聽出代表當地的方言，然後在主持的時候不經意引進。曾因「NHK高歌一曲」而風靡一世的已故藝人宮田輝說句「晚安」（方言），觀衆一聽到和自己有最切身關係的故鄉腔調，就對宮田先生自然而然產生親切感。

同樣的道理，想要進入孩子的世界，首先也要會講孩子們現在的慣用語才有好的效果。起先孩子可能會覺得「奇怪」，但也會想「老爸眞不賴」，開始有不同的親近感。孩子長到唸中學的年紀，正是父母感到最難纏的時期。因爲這段時期對父母都抱著敬而遠之的心理，根本不會敞開心胸講話。在這樣的情況下，父母若是硬要踏入他的私人領域，孩子會越發的厭惡，反而離得更遠。

想瞭解這個狂飆時期的孩子心理，固然父母有必要好好努力，但更重要的是不必急。就像前面所提過的話，父母心理上不要預先存有「這年紀很難纏」的預期心理，要多方瞭解孩子，這也是不可或缺的。

這就好比一場情報作戰計畫，首先就是探查敵情。只要到孩子的房間隨便張望一下，立刻就會發現他感興趣的事情是什麼。例如書櫃的書、桌上的雜誌等，一探便知他的資訊來源。此外，也可以陪孩子一起看他喜歡的電視節目。在這時候，如果能記得把孩子世界正流行的口頭禪趁機搬出來使用，就能製造打開話匣的動機，也是一種不錯的方法。

說來人類眞是十分不可思議，如果對方會使用在自己同伴間所講的話，馬上就會對他有親近感。像這樣先拉近距離，然後想要跟得上孩子關心的話題，那就不成問題。如果你不只是知道偶像的名字，甚至還能跟孩子聊起有關這位偶像的暢銷金曲、出身背景，毫無疑問一定能跟孩子完全溝通。

可是，你也不必鄭重其事，只要找個機會輕輕鬆鬆的聊天，久而久之，就會成爲可以跟孩子對談的父親。如果有父親擔心孩子會反駁你的論點，就遠離孩子不作努力，那簡直是放棄父權不具責任的行動。

藉助第三者的談話，說出父母的意見也是一種辦法

有段時間在日本收視率冠軍的『神探可倫坡』裡「我的太太……」這句對白造成熱門話題。在這齣戲中，嫌犯的身份地位大多很高。可倫坡每次要和嫌犯做第一次接觸時，如果這名嫌犯是著名的演員，可倫坡接近嫌犯的作法就是搬出他的口頭禪說：「事實上我的太太是你的影迷……。」嫌犯雖然心存警戒，但也不免暗自竊喜，過不多久可倫坡探長就會出其不意地攻破對方的心理防線，一針見血地命中要害。

在這樣的情況裡，可倫坡的巧妙就是利用「太太」這位第三者，使他說出的褒獎更具眞實性，結果往往都能贏得嫌犯的心，不知不覺地對可倫坡推心置腹。

任何一項消息或資訊，與其說是「我的意見」，不如改說是「第三者的意見」更能被人接受。例如，在電視廣播的新聞報導裡「據可靠消息靈通人士指出……」，若是沒有加「可靠消息靈通人士」，內容雖然一樣，但可信度就不如加上

的強。對於不容易聽父母話的孩子，應用這個方法也很有效。

孩子成長到了唸中學的年紀，要他聽父母的話簡直難上加難。如果父母早在孩子幼兒期或兒童期就養成時常和孩子交談的習慣，也許就能比較輕鬆的讓孩子明白父母的心意，如果是家裡原本沒有這種習慣，就很難成立親子之間的對話。

假如在缺乏溝通氣氛之下對談，就會演變成父母說一句、孩子就頂一句。對父母來說，盛怒之下要拼命壓制孩子也是極爲正常的。就這樣週而復始，結果親子關係愈來愈惡化，根本聽不進對方的意見。

遇到這種情形，不妨學學可倫坡，藉助第三者的口中說出自己的意見，就非常有效。例如，藉由孩子信賴的爺爺或奶奶之口，以間接方式告訴孩子「你媽媽非常爲你擔心」。

這種透過第三者的談話，讓聽的一方可以安心的打開心門接納意見。最好不要每件事都自己正面提出，偶而也要經由他人之口說出，或是把自己的意見當做是第三者的看法傳遞給孩子，這也是很好的方法。因爲不是每個父母都是出色的心理學家，所以在克服孩子反抗期時，非多方設想不可。

只要看看孩子的「所作所為」，就可以知道以身作則很重要

成爲富足時代的副作用就是增加許多不知惜福的孩子，最令人感到困擾。我以前擔任千葉大學附屬小學的校長時，感到非常驚訝的一件事，就是學校所供應餐點的善後處理。眼看著仍然原封不動的麵包，以及副食品不斷被拋棄，眞是覺得十分浪費。

至今我還記得很清楚，我問教務主任說：「這些都要丟掉嗎？」他回答說：「校長先生，這些東西以前都是由附近農家收去餵豬，但是現在非要花錢請人收拾，否則沒人要做了。」這番話讓我第二次被震懾住。

在這樣的時代，如果要教會孩子惜福愛物，只怕是名符其實的「登天之難」。比如說我在校園裡撿到一頂舊的帽子，因爲帽子上有姓名年級，所以就把那個孩子叫來，想把帽子還給他，不料那孩子的頭上已經戴上新的帽子。我問孩子：「帽子丟了怎麼不仔細找找看呢？」孩子回答：「找過了，但是找不到，只好叫媽媽再買

一頂。」類似這種情況，我們首先要考慮的就是，會帶給孩子什麼樣影響的後果，假如只是跟孩子提起當年的情形說「以前我們都是把鉛筆寫到短得不能再短，再套上筆蓋繼續再用」這種話，孩子把它當成耳邊風的精神訓話，那就很有問題了。

據百貨公司的顧客申訴中心服務員工說，有個差不多才國小四～五年級的孩子，以刷卡付賬的方式購買日幣十萬元以上的玩具，聽說是孩子的父母同意他以賒購方式買玩具，像這樣的父母，孩子怎麼懂得惜福愛物呢？

我知道孩子中有人把家用電腦當做寶貝一樣的珍惜。這可能是由於電腦的價格昂貴，所費不貲，而且是用功聽話才得來的獎品，所以孩子才會當成寶貝般愛惜。相對的，平常要用的學用品價格便宜，又是不需要特別用心就可以得到的東西，難免不加以珍惜。

使孩子珍惜物品的方法很多，第一就是父母以身作則，自己也要愛惜物品給孩子看。最近有許多父母自己本身就是浪費不惜福的人，實在沒資格指責孩子。第二，如果孩子想要買什麼東西，或是已經買了卻被他弄丟了，都不要輕易答應買給他。應該教他自己用儲存零用錢，慢慢累積到足夠金錢的方式，才能購買價格昂貴的東西。如果一天到晚只是靠物質吸引孩子的注意，就失去當父母的資格。

你是否將養育孩子的責任都推給母親

「一個孩子將來的命運，端看他的母親努力程度」，這是拿破崙的名言。拿破崙之所以持有這種看法，原因可能是不論哪個國家都將教育孩子的責任，全部交由母親一手包辦。

日本也不例外，傳統以來的模式就是父親出外工作，母親留守家中養育子女。姑且不論這種情形的對錯，只能算是一種社會共識。

孩子剛出生不久，肚子餓了有母親的母乳才能哺餵，當然難以避免孩子的照顧都是以母親爲主的情況。

可是，孩子漸漸長大以後，難道不應該由父母共同負擔責任嗎？這種觀念在最近的年輕人中開始慢慢慘透。我從問卷調查的結果發現，跟以往比較起來，年輕父親必須反省的重點是：

①過分把照顧孩子的責任交給妻子＝百分之四十八。

②關於養育孩子方面很少建立共識＝百分之四十三。

③過於疼愛孩子＝百分之二十七。

這種父親意識型態之所以產生變革的最大原因，主要是女性地位提升，女性向社會進軍的情況增加，以及女性經濟能力的改善。

例如在北歐地區，在孩子出生後最初半年，由母親照顧孩子的情況壓倒性居多。但孩子漸大後，有些國家就會規定「在育兒的工作上，以夫婦協商爲主，當妻子外出工作時，就以丈夫爲中心，夫婦二人都是照顧孩子的主角」。又如原本以女性爲育兒主角的中國，現在男性也積極協助養育的工作。

諸如此類的情況，隨著女性邁向社會工作的增加，男性意識似乎也漸漸轉變，並不是只意味著男性站在協助忙碌的女性。而是在教育子女的使命下，父親的存在是不可或缺的。尤其是男孩子的養育，如果缺乏父親的存在感，一定會缺少男人味，不論父親的榜樣是好是壞，兒子總會從父親處學習到某些事物。

從今以後，丈夫在養育子女的工作上更應付出心力，有必要與妻子互相合作。所以拿破崙的名言可能要把「母親」改寫成「雙親」了。

孩子措辭不當的習慣，父母應多關心

最近我最擔心的一件事，就是孩子說話措辭不當。前幾天我在一個年輕人的聚會場合上說：「最近的年輕人，常有措辭不當的情形。」結果他們異口同聲的反駁說：「你們大人不也常常說話刺耳嗎？」

他們認爲大人說「現在有一個……」以及「所謂的一個」這種話聽起來很刺耳，我仔細一想果然如此。最主要的是語言也有流行，時代在變，言語也會隨之改變，在我們長一輩的人看來，就會顯得年輕人講的話格外刺耳。

以我這個年紀的人看目前的情況，對於最近日語使用得相當紊亂，而感到相當氣餒，甚至可能已至睜隻眼閉隻眼的狀況。不過像我們這些大人又如何？不是也經常說什麼「正經八百」、「小生怕怕」、「小兒科」等等流行語嗎？可見語言是活生生的。

根據某所專門學校調查，結果發現平時會提醒孩子措辭的人有下列幾個：①

「老師」佔百分之三十六、②「母親」佔百分之三十四、③「父親」佔百分之十四。此外，日語之所以相當紊亂的理由是：①「受電視影響」佔百分之七十七。②「受漫畫雜誌影響」佔百分之四十。③「父母的責任」佔百分之二十一。可見，現代語言紊亂的元凶該算是電視、漫畫。

可是仔細一想，這些流行語的本質，有些就像電視廣告一樣，雖然現在成爲流行熱門的口語，但又很快像痳疹般消失，只有另外那些受日本社會中廣泛認同的語言，就會如此留存下來。

也許存有日語固定說法，是活在那樣時代的人感性配合得恰到好處的部分所致。另外像這種「活生生言語」的流行，不管大人如何禁止也是禁止不了。反而連大人也捲進去一起跟著說，形成廣爲流通的話。

雖然這番話似乎有點偏離主題，可是我想跟各位強調一點，言行是分不開，言語紊亂跟行爲不端息息相關。所以，父母關心的不只是表面的遣詞用句，父母也要關心言語與行動的環節。

讓孩子自己發現自己太任性

孩子本來就極端地以自我爲中心而活。例如嬰兒根本不管父母現在方便與否，肚子餓了就哭，尿布濕了就哭。可是如果不論哭得多大聲，母親也不理會之後，就會領悟「自己的要求有時也不能得到滿足」。然後孩子就會漸漸學會卸除任性，熟悉社會性的規則。

最近，父母撫育孩子的數目減少，因此照顧孩子過於週全，而且孩子任何要求都予以滿足，結果增加許多不能矯正的任性孩子。

在孩子愈來愈難管教的傾向下，大多來接受輔導的反應是「我的孩子都快唸中學了，還是很難教他聽話。應該如何矯正他任性呢？」其實父母應該在孩子還小的時候，就要發現問題進行矯正了。

可是天下父母心都是從小就對孩子保護過度，加上父母自己也沒發現寵壞孩子的人就是自己，當然會問題叢生。

因此，今後最好重估親子關係應有的方式，指導孩子技巧累積「視時間、場合行事，不能過於任性自我」的經驗。我認爲這才是矯正孩子任性的基礎。

至於使孩子從客觀方面認知「自己太任性」的手段，是讓孩子照顧比他年幼的孩子，比孩子還小的幼兒當然任性程度會超過很多，讓他自己實際經歷別人在使性子時的感受，以及打擾周圍人的安寧，帶給人們許多麻煩的窘狀。

這就是一種角色排練（Roll playing），藉由扮演他人角色的過程，理解他人立場或心情的心理技巧運用。讓一向自私任性的孩子，扮演因別人任性而受累的角色，才會切實體會任性的意義和影響，自然會明白不該自私任性。

而且因爲要照顧比他年幼的孩子，當然會發生不能再任性自私的情況，這等於給他一個客觀反省自己日常行爲的機會。何不現在開始，讓孩子偶而有機會去照顧鄰居比較年幼的兒童，看看情況如何？

傾聽孩子的要求，若是無法應允要說明理由

心理顧問對於因神經衰弱前來求診的患者，首要的作爲就是「凡是來接受輔導的人，什麼話都要一吐爲快」。因爲在這種傾訴心聲的過程中，心理顧問可以探查出對方煩惱不安的原因。甚至有許多患者，在如此自由放心的情況下，向心理顧問傾訴自己的不安與煩惱之後，就能解決自己不安或煩惱的部分。

記載兼好法師語錄的『徒然草』上有句話說「有話不說肚子會脹」。人類如果不以某種方式將心中的塊壘吐出，就會蓄積欲求不滿的能量，遲早會有以別的形式爆發出來的危險性。即使是孩子也不例外。

孩子經常會提出無理要求，尤其是在唸中學時，不但歪理一大堆，要求的內容也會節節高升。有時要求高得連父母也覺得難以應付。遇到這種情況，大部分的父母有時是以「完全不聽孩子的要求」這些忽視的態度對應，有時是以父母的權威，當場就壓制孩子的要求。

可是，這種方式無異在孩子的不滿火上加油。孩子怎能承受得了心有不滿無處可發的壓力。如今演成一大社會問題的隱藏「大欺小」情況，無論是「家庭暴力」或「校園暴力」都增加許多，都是積壓欲求不滿能量爆發所致。

爲了技巧使那能量引洩，就要跟心理顧問使用的方法相同，讓對方的不平、不滿或要求，統統一吐爲快。「我仔細一聽，覺得你說得很有道理」，這才是最高明的手段。

即使孩子提出的是無理要求，也不要劈頭就壓制說：「不要再說了，不答應就是不答應。」而是先專心的聽聽看。單靠這點也能避免欲求不滿的能量繼續積存心中。

然後親子再冷靜交談，詳細說明父母不能接受的原因。只要父母態度理性溫和，孩子一定能夠心悅誠服。孩子並沒有父母想像般幼稚，只要他能夠接受的事情，就絕對不會再說出讓父母困擾的話來。因此，充分傾聽孩子的要求是非常重要的。

父母最大的任務是提供孩子適當的忠告，而非干涉

我在前一本書曾經寫過，最近的母親太過「干涉」孩子的所作所爲。例如有位母親的情況，她說：「想讓孩子學些才藝，但又不知道他該學些什麼，而且也不知道該怎麼跟孩子討論事情。」想讓孩子補習或是參加課外活動，以及和孩子商量等等，最好是「讓孩子想做什麼就做什麼」。

我擔心會提出這種疑問的親子關係究竟如何。有些孩子個性內向不易表達內心的想法，心理有要做的事卻說不出口。因此，如果母親有任何想讓孩子做的事，必須都要兼顧孩子的想法。

以我看來，親子應坦誠相處，甚至吵個架也無所謂，偶而意見不合豈不是更加自然嗎？

如果孩子要做什麼事都要由父母提出，完全由父母單方面決定一切，然後再壓迫孩子全盤照收的方式，實在令人不敢領教。最好始終都以孩子的興趣和意願爲

主，父母只提出忠告或意見，不加任何干涉。換言之，父母應該留給孩子自主的空間和機會。

例如，覺得孩子應該學習游泳，就替他拿附近游泳池的簡章，或是帶他到現場去看看情況。等孩子主動表示興趣後，再替他報名參加游泳課程。

即使孩子當時表示沒興趣、提不起幹勁也沒關係，暫時把這事放在一旁，也許孩子會在某個時候突然表示有興趣學習。

在現在這個時代，休閒的時間會漸次增多。爲了將來使孩子有著充實的人生，無論擁有音樂或繪畫的興趣，還是其他任何自己動手的嗜好，都是相當重要的事。因爲從小鍛鍊孩子的身體，培養正當的嗜好，都是建立人格健康的基礎。

如果孩子在學校的課業之外還有餘力，不妨勸他從事某種課外活動，父母只須從旁指導，因爲孩子等待的不是干涉，而是父母適當的忠告及意見。

作者：多湖　輝

心理學專家，一方面應用心理學理論出版衆多暢銷書籍，另方面在傳播媒體的教育輔導工作上，向聽衆提供有關親子心理的具體意見，因此廣泛獲得父母的信賴。根據他在孩提時代也曾是討厭用功讀書的「問題兒童」，這種親身經驗，透過心理學的研究、實踐等，對於孩子的教育灌注莫大的關心，他主張「父母對孩子的信賴最重要」。

一九一一年出生。歷任千葉大學名譽教授、財團法人幼兒開發協會副理事長，並擔任通訊學指導補習班雅典名譽班主任，針對小學生及應考生的用功方法提出建議。

著書包括『引出孩子幹勁的責罵藝術』、『培養孩子獨立的藝術』、『自我表現術』、『集中力』、『構想力』、『語言的內心玄機』等多本。

大展出版社有限公司 圖書目錄

地址：台北市北投區(石牌)
致遠一路二段 12 巷 1 號
郵撥：0166955～1

電話：(02)28236031
28236033
傳真：(02)28272069

・法律專欄連載・電腦編號 58

台大法學院 法律學系／策劃
法律服務社／編著

1. 別讓您的權利睡著了 1		200 元
2. 別讓您的權利睡著了 2		200 元

・秘傳占卜系列・電腦編號 14

1. 手相術	淺野八郎著	180 元
2. 人相術	淺野八郎著	150 元
3. 西洋占星術	淺野八郎著	180 元
4. 中國神奇占卜	淺野八郎著	150 元
5. 夢判斷	淺野八郎著	150 元
6. 前世、來世占卜	淺野八郎著	150 元
7. 法國式血型學	淺野八郎著	150 元
8. 靈感、符咒學	淺野八郎著	150 元
9. 紙牌占卜學	淺野八郎著	150 元
10. ESP 超能力占卜	淺野八郎著	150 元
11. 猶太數的秘術	淺野八郎著	150 元
12. 新心理測驗	淺野八郎著	160 元
13. 塔羅牌預言秘法	淺野八郎著	200 元

・趣味心理講座・電腦編號 15

1. 性格測驗① 探索男與女	淺野八郎著	140 元
2. 性格測驗② 透視人心奧秘	淺野八郎著	140 元
3. 性格測驗③ 發現陌生的自己	淺野八郎著	140 元
4. 性格測驗④ 發現你的真面目	淺野八郎著	140 元
5. 性格測驗⑤ 讓你們吃驚	淺野八郎著	140 元
6. 性格測驗⑥ 洞穿心理盲點	淺野八郎著	140 元
7. 性格測驗⑦ 探索對方心理	淺野八郎著	140 元
8. 性格測驗⑧ 由吃認識自己	淺野八郎著	160 元
9. 性格測驗⑨ 戀愛知多少	淺野八郎著	160 元
10. 性格測驗⑩ 由裝扮瞭解人心	淺野八郎著	160 元

11. 性格測驗⑪ 敲開內心玄機	淺野八郎著	140 元
12. 性格測驗⑫ 透視你的未來	淺野八郎著	160 元
13. 血型與你的一生	淺野八郎著	160 元
14. 趣味推理遊戲	淺野八郎著	160 元
15. 行為語言解析	淺野八郎著	160 元

·婦幼天地·電腦編號 16

1. 八萬人減肥成果	黃靜香譯	180 元
2. 三分鐘減肥體操	楊鴻儒譯	150 元
3. 窈窕淑女美髮秘訣	柯素娥譯	130 元
4. 使妳更迷人	成　玉譯	130 元
5. 女性的更年期	官舒妍編譯	160 元
6. 胎內育兒法	李玉瓊編譯	150 元
7. 早產兒袋鼠式護理	唐岱蘭譯	200 元
8. 初次懷孕與生產	婦幼天地編譯組	180 元
9. 初次育兒 12 個月	婦幼天地編譯組	180 元
10. 斷乳食與幼兒食	婦幼天地編譯組	180 元
11. 培養幼兒能力與性向	婦幼天地編譯組	180 元
12. 培養幼兒創造力的玩具與遊戲	婦幼天地編譯組	180 元
13. 幼兒的症狀與疾病	婦幼天地編譯組	180 元
14. 腿部苗條健美法	婦幼天地編譯組	180 元
15. 女性腰痛別忽視	婦幼天地編譯組	150 元
16. 舒展身心體操術	李玉瓊編譯	130 元
17. 三分鐘臉部體操	趙薇妮著	160 元
18. 生動的笑容表情術	趙薇妮著	160 元
19. 心曠神怡減肥法	川津祐介著	130 元
20. 內衣使妳更美麗	陳玄茹譯	130 元
21. 瑜伽美姿美容	黃靜香編著	180 元
22. 高雅女性裝扮學	陳珮玲譯	180 元
23. 蠶糞肌膚美顏法	坂梨秀子著	160 元
24. 認識妳的身體	李玉瓊譯	160 元
25. 產後恢復苗條體態	居理安・芙萊喬著	200 元
26. 正確護髮美容法	山崎伊久江著	180 元
27. 安琪拉美姿養生學	安琪拉蘭斯博瑞著	180 元
28. 女體性醫學剖析	增田豐著	220 元
29. 懷孕與生產剖析	岡部綾子著	180 元
30. 斷奶後的健康育兒	東城百合子著	220 元
31. 引出孩子幹勁的責罵藝術	多湖輝著	170 元
32. 培養孩子獨立的藝術	多湖輝著	170 元
33. 子宮肌瘤與卵巢囊腫	陳秀琳編著	180 元
34. 下半身減肥法	納他夏・史達賓著	180 元
35. 女性自然美容法	吳雅菁編著	180 元
36. 再也不發胖	池園悅太郎著	170 元

37. 生男生女控制術	中垣勝裕著	220 元
38. 使妳的肌膚更亮麗	楊　皓編著	170 元
39. 臉部輪廓變美	芝崎義夫著	180 元
40. 斑點、皺紋自己治療	高須克彌著	180 元
41. 面皰自己治療	伊藤雄康著	180 元
42. 隨心所欲瘦身冥想法	原久子著	180 元
43. 胎兒革命	鈴木丈織著	180 元
44. NS 磁氣平衡法塑造窈窕奇蹟	古屋和江著	180 元
45. 享瘦從腳開始	山田陽子著	180 元
46. 小改變瘦 4 公斤	宮本裕子著	180 元
47. 軟管減肥瘦身	高橋輝男著	180 元
48. 海藻精神秘美容法	劉名揚編著	180 元
49. 肌膚保養與脫毛	鈴木真理著	180 元
50. 10 天減肥 3 公斤	彤雲編輯組	180 元
51. 穿出自己的品味	西村玲子著	280 元

・青春天地・電腦編號 17

1. A 血型與星座	柯素娥編譯	160 元
2. B 血型與星座	柯素娥編譯	160 元
3. O 血型與星座	柯素娥編譯	160 元
4. AB 血型與星座	柯素娥編譯	120 元
5. 青春期性教室	呂貴嵐編譯	130 元
6. 事半功倍讀書法	王毅希編譯	150 元
7. 難解數學破題	宋釗宜編譯	130 元
9. 小論文寫作秘訣	林顯茂編譯	120 元
11. 中學生野外遊戲	熊谷康編著	120 元
12. 恐怖極短篇	柯素娥編譯	130 元
13. 恐怖夜話	小毛驢編譯	130 元
14. 恐怖幽默短篇	小毛驢編譯	120 元
15. 黑色幽默短篇	小毛驢編譯	120 元
16. 靈異怪談	小毛驢編譯	130 元
17. 錯覺遊戲	小毛驢編著	130 元
18. 整人遊戲	小毛驢編著	150 元
19. 有趣的超常識	柯素娥編譯	130 元
20. 哦！原來如此	林慶旺編譯	130 元
21. 趣味競賽 100 種	劉名揚編譯	120 元
22. 數學謎題入門	宋釗宜編譯	150 元
23. 數學謎題解析	宋釗宜編譯	150 元
24. 透視男女心理	林慶旺編譯	120 元
25. 少女情懷的自白	李桂蘭編譯	120 元
26. 由兄弟姊妹看命運	李玉瓊編譯	130 元
27. 趣味的科學魔術	林慶旺編譯	150 元
28. 趣味的心理實驗室	李燕玲編譯	150 元

29. 愛與性心理測驗	小毛驢編譯	130元
30. 刑案推理解謎	小毛驢編譯	130元
31. 偵探常識推理	小毛驢編譯	130元
32. 偵探常識解謎	小毛驢編譯	130元
33. 偵探推理遊戲	小毛驢編譯	130元
34. 趣味的超魔術	廖玉山編著	150元
35. 趣味的珍奇發明	柯素娥編著	150元
36. 登山用具與技巧	陳瑞菊編著	150元
37. 性的漫談	蘇燕謀編著	180元
38. 無的漫談	蘇燕謀編著	180元
39. 黑色漫談	蘇燕謀編著	180元
40. 白色漫談	蘇燕謀編著	180元

·健 康 天 地· 電腦編號 18

1. 壓力的預防與治療	柯素娥編譯	130元
2. 超科學氣的魔力	柯素娥編譯	130元
3. 尿療法治病的神奇	中尾良一著	130元
4. 鐵證如山的尿療法奇蹟	廖玉山譯	120元
5. 一日斷食健康法	葉慈容編譯	150元
6. 胃部強健法	陳炳崑譯	120元
7. 癌症早期檢查法	廖松濤譯	160元
8. 老人痴呆症防止法	柯素娥編譯	130元
9. 松葉汁健康飲料	陳麗芬編譯	130元
10. 揉肚臍健康法	永井秋夫著	150元
11. 過勞死、猝死的預防	卓秀貞編譯	130元
12. 高血壓治療與飲食	藤山順豐著	150元
13. 老人看護指南	柯素娥編譯	150元
14. 美容外科淺談	楊啟宏著	150元
15. 美容外科新境界	楊啟宏著	150元
16. 鹽是天然的醫生	西英司郎著	140元
17. 年輕十歲不是夢	梁瑞麟譯	200元
18. 茶料理治百病	桑野和民著	180元
19. 綠茶治病寶典	桑野和民著	150元
20. 杜仲茶養顏減肥法	西田博著	150元
21. 蜂膠驚人療效	瀨長良三郎著	180元
22. 蜂膠治百病	瀨長良三郎著	180元
23. 醫藥與生活㈠	鄭炳全著	180元
24. 鈣長生寶典	落合敏著	180元
25. 大蒜長生寶典	木下繁太郎著	160元
26. 居家自我健康檢查	石川恭三著	160元
27. 永恆的健康人生	李秀鈴譯	200元
28. 大豆卵磷脂長生寶典	劉雪卿譯	150元
29. 芳香療法	梁艾琳譯	160元

30. 醋長生寶典	柯素娥譯	180 元
31. 從星座透視健康	席拉・吉蒂斯著	180 元
32. 愉悅自在保健學	野本二士夫著	160 元
33. 裸睡健康法	丸山淳士等著	160 元
34. 糖尿病預防與治療	藤田順豐著	180 元
35. 維他命長生寶典	菅原明子著	180 元
36. 維他命 C 新效果	鐘文訓編	150 元
37. 手、腳病理按摩	堤芳朗著	160 元
38. AIDS 瞭解與預防	彼得塔歇爾著	180 元
39. 甲殼質殼聚糖健康法	沈永嘉譯	160 元
40. 神經痛預防與治療	木下真男著	160 元
41. 室內身體鍛鍊法	陳炳崑編著	160 元
42. 吃出健康藥膳	劉大器編著	180 元
43. 自我指壓術	蘇燕謀編著	160 元
44. 紅蘿蔔汁斷食療法	李玉瓊編著	150 元
45. 洗心術健康秘法	竺翠萍編譯	170 元
46. 枇杷葉健康療法	柯素娥編譯	180 元
47. 抗衰血癒	楊啟宏著	180 元
48. 與癌搏鬥記	逸見政孝著	180 元
49. 冬蟲夏草長生寶典	高橋義博著	170 元
50. 痔瘡・大腸疾病先端療法	宮島伸宜著	180 元
51. 膠布治癒頑固慢性病	加瀨建造著	180 元
52. 芝麻神奇健康法	小林貞作著	170 元
53. 香煙能防止癡呆？	高田明和著	180 元
54. 穀菜食治癌療法	佐藤成志著	180 元
55. 貼藥健康法	松原英多著	180 元
56. 克服癌症調和道呼吸法	帶津良一著	180 元
57. B 型肝炎預防與治療	野村喜重郎著	180 元
58. 青春永駐養生導引術	早島正雄著	180 元
59. 改變呼吸法創造健康	原久子著	180 元
60. 荷爾蒙平衡養生秘訣	出村博著	180 元
61. 水美肌健康法	井戶勝富著	170 元
62. 認識食物掌握健康	廖梅珠編著	170 元
63. 痛風劇痛消除法	鈴木吉彥著	180 元
64. 酸莖菌驚人療效	上田明彥著	180 元
65. 大豆卵磷脂治現代病	神津健一著	200 元
66. 時辰療法—危險時刻凌晨 4 時	呂建強等著	180 元
67. 自然治癒力提升法	帶津良一著	180 元
68. 巧妙的氣保健法	藤平墨子著	180 元
69. 治癒 C 型肝炎	熊田博光著	180 元
70. 肝臟病預防與治療	劉名揚編著	180 元
71. 腰痛平衡療法	荒井政信著	180 元
72. 根治多汗症、狐臭	稻葉益巳著	220 元
73. 40 歲以後的骨質疏鬆症	沈永嘉譯	180 元

74. 認識中藥	松下一成著	180 元
75. 認識氣的科學	佐佐木茂美著	180 元
76. 我戰勝了癌症	安田伸著	180 元
77. 斑點是身心的危險信號	中野進著	180 元
78. 艾波拉病毒大震撼	玉川重德著	180 元
79. 重新還我黑髮	桑名隆一郎著	180 元
80. 身體節律與健康	林博史著	180 元
81. 生薑治萬病	石原結實著	180 元
82. 靈芝治百病	陳瑞東著	180 元
83. 木炭驚人的威力	大槻彰著	200 元
84. 認識活性氧	井土貴司著	180 元
85. 深海鮫治百病	廖玉山編著	180 元
86. 神奇的蜂王乳	井上丹治著	180 元
87. 卡拉 OK 健腦法	東潔著	180 元
88. 卡拉 OK 健康法	福田伴男著	180 元
89. 醫藥與生活(二)	鄭炳全著	200 元
90. 洋蔥治百病	宮尾興平著	180 元
91. 年輕 10 歲快步健康法	石塚忠雄著	180 元
92. 石榴的驚人神效	岡本順子著	180 元
93. 飲料健康法	白鳥早奈英著	180 元
94. 健康棒體操	劉名揚編譯	180 元
95. 催眠健康法	蕭京凌編著	180 元

・實用女性學講座・電腦編號 19

1. 解讀女性內心世界	島田一男著	150 元
2. 塑造成熟的女性	島田一男著	150 元
3. 女性整體裝扮學	黃靜香編著	180 元
4. 女性應對禮儀	黃靜香編著	180 元
5. 女性婚前必修	小野十傳著	200 元
6. 徹底瞭解女人	田口二州著	180 元
7. 拆穿女性謊言 88 招	島田一男著	200 元
8. 解讀女人心	島田一男著	200 元
9. 俘獲女性絕招	志賀貢著	200 元
10. 愛情的壓力解套	中村理英子著	200 元
11. 妳是人見人愛的女孩	廖松濤編著	200 元

・校園系列・電腦編號 20

1. 讀書集中術	多湖輝著	150 元
2. 應考的訣竅	多湖輝著	150 元
3. 輕鬆讀書贏得聯考	多湖輝著	150 元
4. 讀書記憶秘訣	多湖輝著	150 元

5.	視力恢復！超速讀術	江錦雲譯	180 元
6.	讀書 36 計	黃柏松編著	180 元
7.	驚人的速讀術	鐘文訓編著	170 元
8.	學生課業輔導良方	多湖輝著	180 元
9.	超速讀超記憶法	廖松濤編著	180 元
10.	速算解題技巧	宋釗宜編著	200 元
11.	看圖學英文	陳炳崑編著	200 元
12.	讓孩子最喜歡數學	沈永嘉譯	180 元
13.	催眠記憶術	林碧清譯	180 元

・實用心理學講座・電腦編號 21

1.	拆穿欺騙伎倆	多湖輝著	140 元
2.	創造好構想	多湖輝著	140 元
3.	面對面心理術	多湖輝著	160 元
4.	偽裝心理術	多湖輝著	140 元
5.	透視人性弱點	多湖輝著	140 元
6.	自我表現術	多湖輝著	180 元
7.	不可思議的人性心理	多湖輝著	180 元
8.	催眠術入門	多湖輝著	150 元
9.	責罵部屬的藝術	多湖輝著	150 元
10.	精神力	多湖輝著	150 元
11.	厚黑說服術	多湖輝著	150 元
12.	集中力	多湖輝著	150 元
13.	構想力	多湖輝著	150 元
14.	深層心理術	多湖輝著	160 元
15.	深層語言術	多湖輝著	160 元
16.	深層說服術	多湖輝著	180 元
17.	掌握潛在心理	多湖輝著	160 元
18.	洞悉心理陷阱	多湖輝著	180 元
19.	解讀金錢心理	多湖輝著	180 元
20.	拆穿語言圈套	多湖輝著	180 元
21.	語言的內心玄機	多湖輝著	180 元
22.	積極力	多湖輝著	180 元

・超現實心理講座・電腦編號 22

1.	超意識覺醒法	詹蔚芬編譯	130 元
2.	護摩秘法與人生	劉名揚編譯	130 元
3.	秘法！超級仙術入門	陸明譯	150 元
4.	給地球人的訊息	柯素娥編著	150 元
5.	密教的神通力	劉名揚編著	130 元
6.	神秘奇妙的世界	平川陽一著	200 元

7. 地球文明的超革命　吳秋嬌譯　200 元
8. 力量石的秘密　吳秋嬌譯　180 元
9. 超能力的靈異世界　馬小莉譯　200 元
10. 逃離地球毀滅的命運　吳秋嬌譯　200 元
11. 宇宙與地球終結之謎　南山宏著　200 元
12. 驚世奇功揭秘　傅起鳳著　200 元
13. 啟發身心潛力心象訓練法　栗田昌裕著　180 元
14. 仙道術遁甲法　高藤聰一郎著　220 元
15. 神通力的秘密　中岡俊哉著　180 元
16. 仙人成仙術　高藤聰一郎著　200 元
17. 仙道符咒氣功法　高藤聰一郎著　220 元
18. 仙道風水術尋龍法　高藤聰一郎著　200 元
19. 仙道奇蹟超幻像　高藤聰一郎著　200 元
20. 仙道鍊金術房中法　高藤聰一郎著　200 元
21. 奇蹟超醫療治癒難病　深野一幸著　220 元
22. 揭開月球的神秘力量　超科學研究會　180 元
23. 西藏密教奧義　高藤聰一郎著　250 元
24. 改變你的夢術入門　高藤聰一郎著　250 元

・養 生 保 健・ 電腦編號 23

1. 醫療養生氣功　黃孝寬著　250 元
2. 中國氣功圖譜　余功保著　230 元
3. 少林醫療氣功精粹　井玉蘭著　250 元
4. 龍形實用氣功　吳大才等著　220 元
5. 魚戲增視強身氣功　宮　嬰著　220 元
6. 嚴新氣功　前新培金著　250 元
7. 道家玄牝氣功　張　章著　200 元
8. 仙家秘傳袪病功　李遠國著　160 元
9. 少林十大健身功　秦慶豐著　180 元
10. 中國自控氣功　張明武著　250 元
11. 醫療防癌氣功　黃孝寬著　250 元
12. 醫療強身氣功　黃孝寬著　250 元
13. 醫療點穴氣功　黃孝寬著　250 元
14. 中國八卦如意功　趙維漢著　180 元
15. 正宗馬禮堂養氣功　馬禮堂著　420 元
16. 秘傳道家筋經內丹功　王慶餘著　280 元
17. 三元開慧功　辛桂林著　250 元
18. 防癌治癌新氣功　郭　林著　180 元
19. 禪定與佛家氣功修煉　劉天君著　200 元
20. 顛倒之術　梅自強著　360 元
21. 簡明氣功辭典　吳家駿編　360 元
22. 八卦三合功　張全亮著　230 元
23. 朱砂掌健身養生功　楊永著　250 元

24. 抗老功	陳九鶴著	230 元
25. 意氣按穴排濁自療法	黃啟運編著	250 元
26. 陳式太極拳養生功	陳正雷著	200 元
27. 健身祛病小功法	王培生著	200 元

・社會人智囊・電腦編號 24

1. 糾紛談判術	清水增三著	160 元
2. 創造關鍵術	淺野八郎著	150 元
3. 觀人術	淺野八郎著	180 元
4. 應急詭辯術	廖英迪編著	160 元
5. 天才家學習術	木原武一著	160 元
6. 貓型狗式鑑人術	淺野八郎著	180 元
7. 逆轉運掌握術	淺野八郎著	180 元
8. 人際圓融術	澀谷昌三著	160 元
9. 解讀人心術	淺野八郎著	180 元
10. 與上司水乳交融術	秋元隆司著	180 元
11. 男女心態定律	小田晉著	180 元
12. 幽默說話術	林振輝編著	200 元
13. 人能信賴幾分	淺野八郎著	180 元
14. 我一定能成功	李玉瓊譯	180 元
15. 獻給青年的嘉言	陳蒼杰譯	180 元
16. 知人、知面、知其心	林振輝編著	180 元
17. 塑造堅強的個性	坂上肇著	180 元
18. 為自己而活	佐藤綾子著	180 元
19. 未來十年與愉快生活有約	船井幸雄著	180 元
20. 超級銷售話術	杜秀卿譯	180 元
21. 感性培育術	黃靜香編著	180 元
22. 公司新鮮人的禮儀規範	蔡媛惠譯	180 元
23. 傑出職員鍛鍊術	佐佐木正著	180 元
24. 面談獲勝戰略	李芳黛譯	180 元
25. 金玉良言撼人心	森純大著	180 元
26. 男女幽默趣典	劉華亭編著	180 元
27. 機智說話術	劉華亭編著	180 元
28. 心理諮商室	柯素娥譯	180 元
29. 如何在公司崢嶸頭角	佐佐木正著	180 元
30. 機智應對術	李玉瓊編著	200 元
31. 克服低潮良方	坂野雄二著	180 元
32. 智慧型說話技巧	沈永嘉編著	180 元
33. 記憶力、集中力增進術	廖松濤編著	180 元
34. 女職員培育術	林慶旺編著	180 元
35. 自我介紹與社交禮儀	柯素娥編著	180 元
36. 積極生活創幸福	田中真澄著	180 元
37. 妙點子超構想	多湖輝著	180 元

38. 說NO的技巧　廖玉山編著　180元
39. 一流說服力　李玉瓊編著　180元
40. 般若心經成功哲學　陳鴻蘭編著　180元
41. 訪問推銷術　黃靜香編著　180元
42. 男性成功秘訣　陳蒼杰編著　180元
43. 笑容、人際智商　宮川澄子著　180元
44. 多湖輝的構想工作室　多湖輝著　200元
45. 名人名語啟示錄　喬家楓著　180元

・精選系列・電腦編號25

1. 毛澤東與鄧小平　渡邊利夫等著　280元
2. 中國大崩裂　江戶介雄著　180元
3. 台灣・亞洲奇蹟　上村幸治著　220元
4. 7-ELEVEN高盈收策略　國友隆一著　180元
5. 台灣獨立（新・中國日本戰爭一）　森詠著　200元
6. 迷失中國的末路　江戶雄介著　220元
7. 2000年5月全世界毀滅　紫藤甲子男著　180元
8. 失去鄧小平的中國　小島朋之著　220元
9. 世界史爭議性異人傳　桐生操著　200元
10. 淨化心靈享人生　松濤弘道著　220元
11. 人生心情診斷　賴藤和寬著　220元
12. 中美大決戰　檜山良昭著　220元
13. 黃昏帝國美國　莊雯琳譯　220元
14. 兩岸衝突（新・中國日本戰爭二）　森詠著　220元
15. 封鎖台灣（新・中國日本戰爭三）　森詠著　220元
16. 中國分裂（新・中國日本戰爭四）　森詠著　220元
17. 由女變男的我　虎井正衛著　200元
18. 佛學的安心立命　松濤弘道著　220元
19. 世界喪禮大觀　松濤弘道著　280元

・運動遊戲・電腦編號26

1. 雙人運動　李玉瓊譯　160元
2. 愉快的跳繩運動　廖玉山譯　180元
3. 運動會項目精選　王佑京譯　150元
4. 肋木運動　廖玉山譯　150元
5. 測力運動　王佑宗譯　150元
6. 游泳入門　唐桂萍編著　200元

・休閒娛樂・電腦編號27

1. 海水魚飼養法　田中智浩著　300元

2.	金魚飼養法	曾雪玫譯	250 元
3.	熱門海水魚	毛利匡明著	480 元
4.	愛犬的教養與訓練	池田好雄著	250 元
5.	狗教養與疾病	杉浦哲著	220 元
6.	小動物養育技巧	三上昇著	300 元
20.	園藝植物管理	船越亮二著	220 元

・銀髮族智慧學・電腦編號 28

1.	銀髮六十樂逍遙	多湖輝著	170 元
2.	人生六十反年輕	多湖輝著	170 元
3.	六十歲的決斷	多湖輝著	170 元
4.	銀髮族健身指南	孫瑞台編著	250 元

・飲 食 保 健・電腦編號 29

1.	自己製作健康茶	大海淳著	220 元
2.	好吃、具藥效茶料理	德永睦子著	220 元
3.	改善慢性病健康藥草茶	吳秋嬌譯	200 元
4.	藥酒與健康果菜汁	成玉編著	250 元
5.	家庭保健養生湯	馬汴梁編著	220 元
6.	降低膽固醇的飲食	早川和志著	200 元
7.	女性癌症的飲食	女子營養大學	280 元
8.	痛風者的飲食	女子營養大學	280 元
9.	貧血者的飲食	女子營養大學	280 元
10.	高脂血症者的飲食	女子營養大學	280 元
11.	男性癌症的飲食	女子營養大學	280 元
12.	過敏者的飲食	女子營養大學	280 元
13.	心臟病的飲食	女子營養大學	280 元
14.	滋陰壯陽的飲食	王增著	220 元

・家庭醫學保健・電腦編號 30

1.	女性醫學大全	雨森良彥著	380 元
2.	初為人父育兒寶典	小瀧周曹著	220 元
3.	性活力強健法	相建華著	220 元
4.	30 歲以上的懷孕與生產	李芳黛編著	220 元
5.	舒適的女性更年期	野末悅子著	200 元
6.	夫妻前戲的技巧	笠井寬司著	200 元
7.	病理足穴按摩	金慧明著	220 元
8.	爸爸的更年期	河野孝旺著	200 元
9.	橡皮帶健康法	山田晶著	180 元
10.	三十三天健美減肥	相建華等著	180 元

11. 男性健美入門	孫玉祿編著	180 元
12. 強化肝臟秘訣	主婦の友社編	200 元
13. 了解藥物副作用	張果馨譯	200 元
14. 女性醫學小百科	松山榮吉著	200 元
15. 左轉健康法	龜田修等著	200 元
16. 實用天然藥物	鄭炳全編著	260 元
17. 神秘無痛平衡療法	林宗駛著	180 元
18. 膝蓋健康法	張果馨譯	180 元
19. 針灸治百病	葛書翰著	250 元
20. 異位性皮膚炎治癒法	吳秋嬌譯	220 元
21. 禿髮白髮預防與治療	陳炳崑編著	180 元
22. 埃及皇宮菜健康法	飯森薰著	200 元
23. 肝臟病安心治療	上野幸久著	220 元
24. 耳穴治百病	陳抗美等著	250 元
25. 高效果指壓法	五十嵐康彥著	200 元
26. 瘦水、胖水	鈴木園子著	200 元
27. 手針新療法	朱振華著	200 元
28. 香港腳預防與治療	劉小惠譯	200 元
29. 智慧飲食吃出健康	柯富陽編著	200 元
30. 牙齒保健法	廖玉山編著	200 元
31. 恢復元氣養生食	張果馨譯	200 元
32. 特效推拿按摩術	李玉田著	200 元
33. 一週一次健康法	若狹真著	200 元
34. 家常科學膳食	大塚滋著	220 元
35. 夫妻們關心的男性不孕	原利夫著	220 元
36. 自我瘦身美容	馬野詠子著	200 元
37. 魔法姿勢益健康	五十嵐康彥著	200 元
38. 眼病錘療法	馬栩周著	200 元
39. 預防骨質疏鬆症	藤田拓男著	200 元
40. 骨質增生效驗方	李吉茂編著	250 元
41. 蕺菜健康法	小林正夫著	200 元
42. 赧於啟齒的男性煩惱	增田豐著	220 元
43. 簡易自我健康檢查	稻葉允著	250 元
44. 實用花草健康法	友田純子著	200 元
45. 神奇的手掌療法	日比野喬著	230 元
46. 家庭式三大穴道療法	刑部忠和著	200 元
47. 子宮癌、卵巢癌	岡島弘幸著	220 元
48. 糖尿病機能性食品	劉雪卿編著	220 元
49. 奇蹟活現經脈美容法	林振輝編譯	200 元
50. Super SEX	秋好憲一著	220 元
51. 了解避孕丸	林玉佩譯	200 元

・超經營新智慧・電腦編號 31

1. 躍動的國家越南	林雅倩譯	250 元
2. 甦醒的小龍菲律賓	林雅倩譯	220 元
3. 中國的危機與商機	中江要介著	250 元
4. 在印度的成功智慧	山內利男著	220 元
5. 7-ELEVEN 大革命	村上豐道著	200 元
6. 業務員成功秘方	呂育清編著	200 元

・心 靈 雅 集・電腦編號 00

1. 禪言佛語看人生	松濤弘道著	180 元
2. 禪密教的奧秘	葉逯謙譯	120 元
3. 觀音大法力	田口日勝著	120 元
4. 觀音法力的大功德	田口日勝著	120 元
5. 達摩禪 106 智慧	劉華亭編譯	220 元
6. 有趣的佛教研究	葉逯謙編譯	170 元
7. 夢的開運法	蕭京凌譯	130 元
8. 禪學智慧	柯素娥編譯	130 元
9. 女性佛教入門	許俐萍譯	110 元
10. 佛像小百科	心靈雅集編譯組	130 元
11. 佛教小百科趣談	心靈雅集編譯組	120 元
12. 佛教小百科漫談	心靈雅集編譯組	150 元
13. 佛教知識小百科	心靈雅集編譯組	150 元
14. 佛學名言智慧	松濤弘道著	220 元
15. 釋迦名言智慧	松濤弘道著	220 元
16. 活人禪	平田精耕著	120 元
17. 坐禪入門	柯素娥編譯	150 元
18. 現代禪悟	柯素娥編譯	130 元
19. 道元禪師語錄	心靈雅集編譯組	130 元
20. 佛學經典指南	心靈雅集編譯組	130 元
21. 何謂「生」阿含經	心靈雅集編譯組	150 元
22. 一切皆空　般若心經	心靈雅集編譯組	180 元
23. 超越迷惘　法句經	心靈雅集編譯組	130 元
24. 開拓宇宙觀　華嚴經	心靈雅集編譯組	180 元
25. 真實之道　法華經	心靈雅集編譯組	130 元
26. 自由自在　涅槃經	心靈雅集編譯組	130 元
27. 沈默的教示　維摩經	心靈雅集編譯組	150 元
28. 開通心眼　佛語佛戒	心靈雅集編譯組	130 元
29. 揭秘寶庫　密教經典	心靈雅集編譯組	180 元
30. 坐禪與養生	廖松濤譯	110 元
31. 釋尊十戒	柯素娥編譯	120 元
32. 佛法與神通	劉欣如編著	120 元

國家圖書館出版品預行編目資料

如何使孩子出人頭地/多湖輝著；沈永嘉譯
——初版，——臺北市，大展，［1999］民88
面；21公分，——（親子系列；1）
譯自：子どもの能力開發法
ISBN 957-557-900-3（平裝）
1.親職教育 2.兒童心理學

528.21　　88000274

原　書　名：子どもの能力開發法
原著作者：多湖輝

原出版者：株式會社　ごま書房
版權仲介：宏儒企業有限公司

如何使孩子出人頭地　ISBN 957-557-900-3

原著者/ 多　湖　輝
編譯者/ 沈　永　嘉
發行人/ 蔡　森　明
出版者/ 大展出版社有限公司
社　址/ 台北市北投區（石牌）致遠一路2段12巷1號
電　話/ （02）28236031・28236033
傳　真/ （02）28272069
郵政劃撥/ 0166955-1
登記證/ 局版臺業字第2171號
承印者/ 高星企業有限公司
裝　訂/ 日新裝訂所
排版者/ 弘益電腦排版有限公司
電　話/ （02）27403609・27112792
初版1刷/ 1999年（民88年）1月

定　價/ 200元

大展好書 好書大展

大展好書 好書大展